本書の特色と使い方

とてもゆっくりていねいに、段階を追った読解学習ができます。

・一シートの問題量を少なくして、ゆったりとした紙面構成で、読み書きが苦手な子どもでも、ゆっくりていねいに段階を追って学習することができます。

・漢字が苦手な子どもでも学習意欲が減退しないように、問題文の全てをかな文字で記載しています。

児童の個別学習の指導にも最適です。

・文学作品や説明文の読解の個別指導にも最適です。

・読解問題を解くとき、本文を二回読むようにご指導ください。その後、問題文をよく読み、本文から答えを見つけます。

光村図書・東京書籍・教育出版国語教科書などから抜粋した物語・説明文教材、ことば・文法教材の問題などを掲載しています。

・教科書掲載教材を使用して、授業の進度に合わせて予習・復習ができます。

・三社の優れた教科書教材を掲載しています。ぜひご活用ください。

どの子も理解できるよう、長文は短く切って掲載しています。

・長い文章の読解問題の場合は、読みとりやすいように、問題文を二つなどに区切って、問題文と設問に1、2…と番号をつけ、短い文章から読みとれるよう配慮しました。

・読解のワークシートでは、設問の中で着目すべき言葉に傍線（サイドライン）を引いておきました。

・記述解答が必要な設問については、答えの一部をあらかじめ解答欄に記載しておきました。

学習意欲をはぐくむ工夫をしています。

・できるだけ解答欄を広々と書きやすいよう配慮しています。

・内容を理解するための説明イラストなども多数掲載しています。

・イラストは色塗りなども楽しめます。

※ワークシートの解答例について（お家の方や先生方へ）

本書の解答は、あくまでもひとつの「解答例」です。お子さまに取り組ませる前に、必ず指導される方が問題を解いてください。指導される方の作られた解答をもとに、お子さまの多様な考えに寄り添って○つけをお願いします。

もっと　ゆっくり　ていねいに学べる

読解ワーク　基礎編

（光村図書・東京書籍・教育出版の教科書教材などより抜粋）

目次

4－①

詩　物語　説明文　短歌　俳句

言葉

春《はる》のうた

名前

● 次《つぎ》の詩《し》を二回《にかい》読《よ》んで、答《こた》えましょう。

春《はる》のうた　　草野《くさの》　心平《しんぺい》

かえるは冬《ふゆ》のあいだは土《つち》の中《なか》にいて
春《はる》になると地上《ちじょう》に出《で》てきます。
そのはじめての日《ひ》のうた。

ほっ　まぶしいな。
ほっ　うれしいな。

みずは　つるつる。
かぜは　そよそよ。
ケルルン　クック。
ああいいにおいだ。
ケルルン　クック。

ほっ　いぬのふぐりがさいている。
ほっ　おおきなくもがうごいてくる。

ケルルン　クック。
ケルルン　クック。

（令和二年度版　光村図書　国語　四上　かがやき　草野《くさの》　心平《しんぺい》）

(1) かえるは冬《ふゆ》のあいだはどこにいますか。

［　　　　の中《なか》］

(2) 次《つぎ》の言葉《ことば》で表《あらわ》しているものは、何《なん》ですか。

① つるつる

② そよそよ

(3) 「ケルルン　クック。」は、何《なに》を表《あらわ》していますか。一《ひと》つに○をつけましょう。

（　）水《みず》の流《なが》れる音《おと》
（　）風《かぜ》がふく音《おと》
（　）かえるの鳴《な》き声《ごえ》

(4) かえるが見《み》つけたものは何《なん》ですか。二《ふた》つに○をつけましょう。

（　）たんぽぽ
（　）いぬのふぐり
（　）おおきなくも
（　）ちょうちょ

※「春のうた」の教材は、令和二年度版　教育出版　ひろがる言葉　小学国語　四上にも掲載されています。

短歌《たんか》・俳句《はいく》に親《した》しもう（一《いち》）

短歌《たんか》（1）

名前

● 次《つぎ》の短歌《たんか》とその意味《いみ》を二回《にかい》読《よ》んで、答《こた》えましょう。

石走《いわばし》る垂水《たるみ》の上《うえ》のさわらびの萌《も》え出《い》づる春《はる》になりにけるかも

志貴皇子《しきのみこ》

（意味《いみ》）岩《いわ》の上《うえ》をいきおいよく流《なが》れるたきのそばの、わらびが芽《め》を出《だ》す春《はる》になったのだなあ。

（令和二年度版　光村図書　国語　四上　かがやき「短歌・俳句に親しもう（一）」による）

(1) 次《つぎ》の短歌《たんか》とその意味《いみ》を――線《せん》でむすびましょう。

① 石走《いわばし》る　・	・　わらびが
② 垂水《たるみ》の上《うえ》の　・	・　岩《いわ》の上《うえ》をいきおいよく流《なが》れる
③ さわらびの　・	・　たきのそばの
④ 萌《も》え出《い》づる春《はる》に　・	・　なったのだなあ
⑤ なりにけるかも　・	・　芽《め》を出《だ》す春《はる》に

短歌《たんか》 (2)

短歌《たんか》・俳句《はいく》に親《した》しもう（一《いち》）

名前

● 次《つぎ》の短歌《たんか》とその意味《いみ》を二回《にかい》読《よ》んで、答《こた》えましょう。

君《きみ》がため春《はる》の野《の》に出《い》でて若菜《わかな》摘《つ》む我《わ》が衣手《ころもで》に雪《ゆき》は降《ふ》りつつ

光孝天皇《こうこうてんのう》

（意味《いみ》）　あなたのために、春《はる》の野《の》に出《で》かけて
若菜《わかな》を摘《つ》むわたしのそでに、
雪《ゆき》がずっと降《ふ》りつづいている。

（令和二年度版　光村図書　国語　四上　かがやき「短歌・俳句に親しもう（一）」による）

(1) 次《つぎ》の短歌《たんか》とその意味《いみ》を——線《せん》でむすびましょう。

① 君《きみ》がため　・　　・　春《はる》の野《の》に出《で》かけて

② 春《はる》の野《の》に出《い》でて　・　　・　わたしのそでに

③ 若菜《わかな》摘《つ》む　・　　・　あなたのために

④ 我《わ》が衣手《ころもで》に　・　　・　若菜《わかな》を摘《つ》む

⑤ 雪《ゆき》は降《ふ》りつつ　・　　・　雪《ゆき》がずっと降《ふ》りつづいている

短歌《たんか》 (3)

短歌《たんか》・俳句《はいく》に親《した》しもう（一《いち》）

名前

● 次《つぎ》の短歌《たんか》とその意味《いみ》を二回《にかい》読《よ》んで、答《こた》えましょう。

見渡《みわた》せば柳桜《やなぎさくら》をこきまぜて都《みやこ》ぞ春《はる》の錦《にしき》なりける

素性法師《そせいほうし》

（意味《いみ》）見渡《みわた》すと、柳《やなぎ》と桜《さくら》が交《ま》じり合《あ》っていて、都《みやこ》のけしきは、まるで春《はる》のもようの織物《おりもの》のようだなあ。

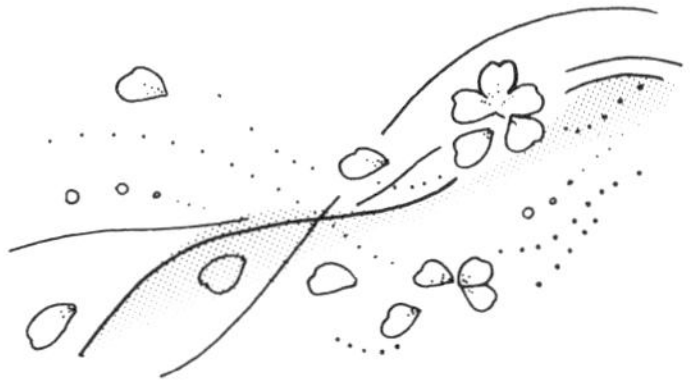

（令和二年度版　光村図書　国語　四上　かがやき「短歌・俳句に親しもう（一）」による）

(1) 次《つぎ》の短歌《たんか》とその意味《いみ》を——線《せん》でむすびましょう。

① 見渡《みわた》せば　・　　・　柳《やなぎ》と桜《さくら》が

② 柳桜《やなぎさくら》を　・　　・　見渡《みわた》すと

③ こきまぜて　・　　・　交《ま》じり合《あ》っていて

④ 都《みやこ》ぞ春《はる》の　・　　・　（春《はる》の）もようの織物《おりもの》のようだなあ

⑤ 錦《にしき》なりける　・　　・　都《みやこ》のけしきは、まるで春《はる》の

俳句《はいく》(1)

短歌《たんか》・俳句《はいく》に親《した》しもう（一《いち》）

名前

● 次《つぎ》の俳句《はいく》とその意味《いみ》を二回《にかい》読《よ》んで、答《こた》えましょう。

名月《めいげつ》や池《いけ》をめぐりて夜《よ》もすがら

松尾《まつお》　芭蕉《ばしょう》

（意味《いみ》）今夜《こんや》は中秋《ちゅうしゅう》の名月《めいげつ》。水《みず》にうつった月《つき》などをながめながら、池《いけ》のまわりを一晩中《ひとばんじゅう》歩《ある》いてしまった。

（令和二年度版　光村図書　国語　四上　かがやき「短歌・俳句に親しもう（一）」による）

(1) 右《みぎ》の俳句《はいく》を、五音《ごおん》・七音《しちおん》・五音《ごおん》の、三《みっ》つの部分《ぶぶん》に分《わ》けて――線《せん》を引《ひ》きましょう。

(2) 季節《きせつ》は、春《はる》・夏《なつ》・秋《あき》・冬《ふゆ》のうち、いつですか。

□

(3) 夜《よ》もすがらとは、どういう意味《いみ》ですか。（意味《いみ》）を読《よ》んで、あてはまるもの一《ひと》つに○をつけましょう。

（　）中秋《ちゅうしゅう》の名月《めいげつ》

（　）月《つき》などをながめながら

（　）一晩中《ひとばんじゅう》

俳句《はいく》(2)

短歌《たんか》・俳句《はいく》に親《した》しもう(一《いち》)

名前

● 次《つぎ》の俳句《はいく》とその意味《いみ》を二回《にかい》読《よ》んで、答《こた》えましょう。

夏《なつ》河《かわ》を越《こ》すうれしさよ手《て》に草履《ぞうり》

与謝《よさ》　蕪村《ぶそん》

(意味《いみ》) 夏《なつ》の日《ひ》に、手《て》に草履《ぞうり》を持《も》って川《かわ》を渡《わた》ると、川《かわ》の水《みず》がつめたくて気持《きも》ちがよく、うれしくなることだ。

(令和二年度版　光村図書　国語　四上　かがやき「短歌・俳句に親しもう(一)」による)

(1) 右《みぎ》の俳句《はいく》を、五音《ごおん》・七音《しちおん》・五音《ごおん》の、三《みっ》つの部分《ぶぶん》に分《わ》けて―線《せん》を引《ひ》きましょう。

(2) 季節《きせつ》は、春《はる》・夏《なつ》・秋《あき》・冬《ふゆ》のうち、いつですか。

(3) 手《て》に何《なに》を持《も》っていますか。ひらがな三文字《さんもじ》で書《か》きましょう。

短歌《たんか》・俳句《はいく》に親《した》しもう（一《いち》）

俳《はい》句《く》(3)

名前

● 次《つぎ》の俳句《はいく》とその意味《いみ》を二回《にかい》読《よ》んで、答《こた》えましょう。

雀《すずめ》の子《こ》そこのけそこのけ御馬《おうま》が通《とお》る

小林《こばやし》　一茶《いっさ》

（意味《いみ》）雀《すずめ》の子《こ》よ、あぶないから、
そこをどきなさい。
お馬《うま》さんが通《とお》るよ。

（令和二年度版　光村図書　国語　四上　かがやき「短歌・俳句に親しもう（一）」による）

(1) 右《みぎ》の俳句《はいく》を、言葉《ことば》の調子《ちょうし》のいいところで、三《みっ》つの部分《ぶぶん》に分《わ》けて｜線《せん》を引《ひ》きましょう。

(2) 次《つぎ》の俳句《はいく》とその意味《いみ》を——線《せん》でむすびましょう。

① 雀《すずめ》の子《こ》　・　　・　（あぶないから、）そこをどきなさい

② そこのけそこのけ　・　　・　お馬《うま》さんが通《とお》るよ

③ 御馬《おうま》が通《とお》る　・　　・　雀《すずめ》の子《こ》よ

忘《わす》れもの

次《つぎ》の詩《し》を二回《にかい》読んで、答《こた》えましょう。

名前

忘《わす》れもの

高田《たかだ》 敏子《としこ》

入道雲《にゅうどうぐも》にのって
㋐夏休《なつやす》みはいってしまった
「サヨナラ」のかわりに
素晴《すば》らしい夕立《ゆうだち》をふりまいて

けさ　空《そら》はまっさお
木々《きぎ》の葉《は》の一枚一枚《いちまいいちまい》が
あたらしい光《ひかり》とあいさつをかわしている

だがキミ！　夏休《なつやす》みよ
もう一度《いちど》　㋑もどってこないかな
忘《わす》れものをとりにさ

迷子《まいご》のセミ
さびしそうな麦《むぎ》わら帽子《ぼうし》
それから　ぼくの耳《みみ》に
くっついて離《はな》れない波《なみ》の音《おと》

（令和二年度版　光村図書　国語　四上　かがやき　高田《たかだ》　敏子《としこ》）

(1) この詩《し》は、いくつの連《れん》からなりますか。

［　　］連《れん》

(2) ㋐夏休《なつやす》みはいってしまったとは、どういう意味《いみ》ですか。○をつけましょう。

（　）夏休《なつやす》みが始《はじ》まった。
（　）夏休《なつやす》みが終《お》わった。

(3) 木々《きぎ》の葉《は》の一枚一枚《いちまいいちまい》があたらしい光《ひかり》と、何《なに》をかわしていますか。

［　　　　］

(4) ㋑もどってこないかなとありますが、何《なに》がもどって来《き》てほしいのですか。

［　　　］

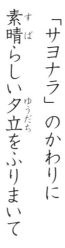

水平線《すいへいせん》

● 次《つぎ》の詩《し》を二回《にかい》読《よ》んで、答《こた》えましょう。

名前

水平線《すいへいせん》

小泉《こいずみ》　周二《しゅうじ》

1

水平線《すいへいせん》がある
一直線《いっちょくせん》にある
ゆれているはずなのに
一直線《いっちょくせん》にある

2

水平線《すいへいせん》がある
はっきりとある
空《そら》とはちがうぞと
はっきりとある

3

水平線《すいへいせん》がある
どこまでもある
ほんとうの強《つよ》さみたいに
どこまでもある

※水平線《すいへいせん》…海《うみ》と空《そら》のさかい目《め》の線《せん》。

（令和二年度版　東京書籍　新しい国語　四上　小泉《こいずみ》　周二《しゅうじ》）

(1) 1 2 3 のすべての連《れん》でくり返《かえ》されている一行《いちぎょう》は何《なん》ですか。

［　　　］がある

(2) 1 で二回《にかい》くり返《かえ》されている一行《いちぎょう》は何《なん》ですか。

［　　　］にある

(3) 2 で二回《にかい》くり返《かえ》されている一行《いちぎょう》は何《なん》ですか。

［　　　　］とある

(4) 3 で二回《にかい》くり返《かえ》されている一行《いちぎょう》は何《なん》ですか。

［　　　　　］ある

こわれた千《せん》の楽器《がっき》（1）

名前

● 次《つぎ》のあらすじと文章《ぶんしょう》を二回《にかい》読《よ》んで、答《こた》えましょう。

楽器倉庫《がっきそうこ》に、こわれて使《つか》えなくなった楽器《がっき》たちが、ねむっていました。「ここはこわれた楽器《がっき》の倉庫《そうこ》だな。」という月《つき》の声《こえ》に目《め》を覚《さ》まし、楽器《がっき》たちが、みんなでもう一度《いちど》えんそうがしたいと話《はな》しています。

1

㋐「やろう。」
「やろう。」
バイオリンや
コントラバス、オーボエ、
フルートなども、
立《た》ち上《あ》がって言《い》いました。
楽器《がっき》たちは、それぞれ
集《あつ》まって練習《れんしゅう》を始《はじ》めました。

2

「もっとやさしい音《おと》を！」
「レとソは鳴《な》ったぞ。」
「げんをもうちょっと
しめて……。うん、いい音《おと》だ。」
「ぼくはミの音《おと》をひく。
君《きみ》はファの音《おと》を出《だ》して
くれないか。」

（令和二年度版　東京書籍　新しい国語　四上　野呂《のろ》　昶《さかん》）

1

(1) ㋐「やろう。」「やろう。」と言《い》ったのはだれですか。四《よっ》つ答《こた》えましょう。

(2) 楽器《がっき》たちは、集《あつ》まって何《なに》を始《はじ》めましたか。

2

(1) どんな練習《れんしゅう》をしている様子《ようす》が分《わ》かりますか。二《ふた》つに○をつけましょう。

（　）それぞれで勝手《かって》に練習《れんしゅう》している。
（　）いい音《おと》を出《だ》そうとくふうしている。
（　）みんなで力《ちから》を合《あ》わせて練習《れんしゅう》している。
（　）練習《れんしゅう》するのをあきらめてしまった。

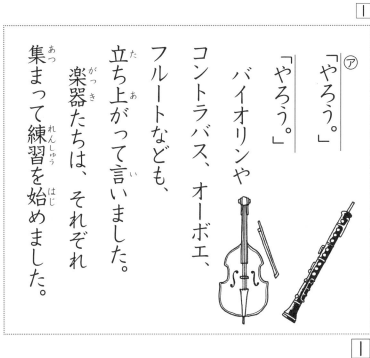

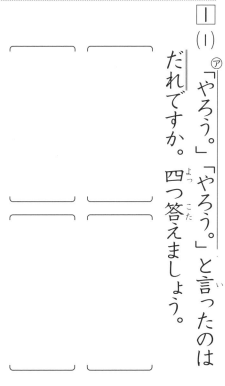

こわれた千《せん》の楽器《がっき》 (2)

名前

● 次《つぎ》の文章《ぶんしょう》を二回《にかい》読《よ》んで、答《こた》えましょう。

1

毎日毎日練習《まいにちまいにちれんしゅう》が
続《つづ》けられました。
そして、㋐やっと音《おと》が出《で》ると、
「できた。」
「できた。」
おどり上《あ》がって
よろこびました。

2

ある夜《よる》のこと、月《つき》は、
楽器倉庫《がっきそうこ》の上《うえ》を
通《とお》りかかりました。
すると、どこからか音楽《おんがく》が
流《なが》れてきました。
(あ)「なんときれいな音《おと》。だれが
えんそうしているんだろう。」

（令和二年度版　東京書籍　新しい国語　四上　野呂《のろ》　昶《さかん》）

1

(1) 練習《れんしゅう》はどれだけ続《つづ》けられましたか。一《ひと》つに○をつけましょう。

（　）毎日《まいにち》
（　）一日《いちにち》
（　）一週間《いっしゅうかん》

(2) ㋐やっと音《おと》が出《で》ると、どのようによろこびましたか。

［　　　　］よろこびました。

2

(1) 月《つき》は、どこの上《うえ》を通《とお》りかかりましたか。

［　　　　］の上《うえ》。

(2) (あ)は、だれが言《い》った言葉《ことば》ですか。

［　　　　］

こわれた千《せん》の楽器《がっき》 (3)

名前

● 次《つぎ》の文章《ぶんしょう》を二回《にかい》読《よ》んで、答《こた》えましょう。

1

月《つき》は、音《おと》のする方《ほう》へ近《ちか》づいていきました。それは、前《まえ》にのぞいたことのある楽器倉庫《がっきそうこ》からでした。㋐そこでは、千《せん》の楽器《がっき》がいきいきと、えんそうに夢中《むちゅう》でした。

2

こわれた楽器《がっき》は、一《ひと》つもありません。一《ひと》つ一《ひと》つがみんなりっぱな楽器《がっき》です。おたがいに足《た》りないところをおぎない合《あ》って、㋑音楽《おんがく》をつくっているのです。

（令和二年度版　東京書籍　新しい国語　四上　野呂《のろ》　昶《さかん》）

1

(1) ㋐そことは、どこですか。

前《まえ》にのぞいたことのある［　　　　］。

(2) だれがえんそうに夢中《むちゅう》でしたか。

［　　　　］

2

(1) 何《なに》が一《ひと》つもないのですか。一《ひと》つに○をつけましょう。

（　）千《せん》の楽器《がっき》
（　）こわれた楽器《がっき》
（　）りっぱな楽器《がっき》

(2) りっぱな楽器《がっき》は、どうやって㋑音楽《おんがく》をつくっているのですか。

［　　　　］足《た》りないところを［　　　　］、音楽《おんがく》をつくっているのです。

こわれた千《せん》の楽器《がっき》 (4)

名前

● 次《つぎ》の文章《ぶんしょう》を二回《にかい》読《よ》んで、答《こた》えましょう。

月《つき》は、音楽《おんがく》に
おし上《あ》げられるように、
㋐空高《そらたか》く上《のぼ》っていきました。
㋐「ああ、いいなあ。」
月《つき》は、㋑うっとりと
聞《き》きほれました。
そして、
㋒ときどき思《おも》い出《だ》しては、
光《ひかり》の糸《いと》を大空《おおぞら》いっぱいに
ふき上《あ》げました。

（令和二年度版　東京書籍　新しい国語　四上　野呂《のろ》　昶《さかん》）

(1) 月《つき》は、何《なに》におし上《あ》げられるように、㋐空高《そらたか》く上《のぼ》っていきましたか。

(2) あは、月《つき》と楽器《がっき》のどちらが言《い》った言葉《ことば》ですか。

(3) ㋑うっとりとは、どういう意味《いみ》ですか。○をつけましょう。

（　）目《め》が回《まわ》って、ぼんやりしている様子《ようす》。

（　）気持《きも》ちよくなって、ぼうっとしている様子《ようす》。

(4) 月《つき》は、㋒ときどき思《おも》い出《だ》しては、どうしましたか。

大空《おおぞら》いっぱいに［　　］を［　　］。

ヤドカリとイソギンチャク (1)

名前

● 次《つぎ》の文章《ぶんしょう》を二回《にかい》読《よ》んで、答《こた》えましょう。

1

ヤドカリの仲間《なかま》で、
さんごしょうに多《おお》い
ソメンヤドカリは、
貝《かい》がらに
イソギンチャクを付《つ》けて
歩《ある》き回《まわ》っています。

2

観察《かんさつ》してみると、
ソメンヤドカリは、
たいてい二《ふた》つから四《よっ》つの
ベニヒモイソギンチャクを、
貝《かい》がらの上《うえ》に付《つ》けています。
中《なか》には、九《ここの》つもの
イソギンチャクを付《つ》けていた
ヤドカリの例《れい》も記録《きろく》されて
います。㋐このような
ヤドカリのすがたは、
いかにも重《おも》そうに見《み》えます。

（令和二年度版　東京書籍　新しい国語　四上　武田《たけだ》　正倫《まさつね》）

1

(1) 貝《かい》がらにイソギンチャクを付《つ》けて歩《ある》き回《まわ》っているのは、何《なん》ですか。七文字《しちもじ》で答《こた》えましょう。

□□□□□□□

2

(1) ソメンヤドカリは、二《ふた》つから四《よっ》つの何《なに》を貝《かい》がらの上《うえ》に付《つ》けていますか。

(2) ㋐このようなヤドカリのすがたは、どのように見《み》えますか。

いかにも □□□□ 見《み》えます。

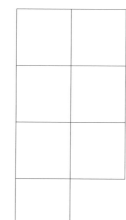

ヤドカリとイソギンチャク　(2)

名前

● 次《つぎ》の文章《ぶんしょう》を二回《にかい》読《よ》んで、答《こた》えましょう。

1

なぜ、ヤドカリは、いくつものイソギンチャクを貝《かい》がらに付《つ》けているのでしょうか。

㋐このことを調《しら》べるために、次《つぎ》のような実験《じっけん》をしました。

2

まず、おなかをすかせたタコのいる㋑水《すい》そうに、イソギンチャクを付《つ》けていないヤドカリを放《はな》します。タコはヤドカリが大好物《だいこうぶつ》なので、長《なが》いあしですぐヤドカリをつかまえ、貝《かい》がらをかみくだいて食《た》べてしまいます。

（令和二年度版　東京書籍　新しい国語　四上　武田《たけだ》　正倫《まさつね》）

1

(1) ㋐このこととは、何《なに》を指《さ》していますか。□にあてはまる言葉《ことば》を書《か》きましょう。

なぜ、□は、いくつものイソギンチャクを□に付《つ》けているのでしょうか。

2

(1) ㋑水《すい》そうには、どんなタコがいますか。

(2) ㋑水《すい》そうに、何《なに》を放《はな》しますか。

□を付《つ》けていない□。

(3) タコは、何《なに》をつかってヤドカリをつかまえますか。

ヤドカリとイソギンチャク (3)

名前

次《つぎ》の文章《ぶんしょう》を二回《にかい》読《よ》んで、答《こた》えましょう。

㋐次《つぎ》に、イソギンチャクを付《つ》けているヤドカリを入《い》れてみます。タコは、ヤドカリをとらえようとしてしきりにあしをのばしますが、イソギンチャクにふれそうになると、あわててあしを引《ひ》っこめてしまいます。

ヤドカリが近《ちか》づくと、タコは後《あと》ずさりしたり、㋑水《すい》そうの中《なか》をにげ回《まわ》ったりします。

（令和二年度版　東京書籍　新しい国語　四上　武田《たけだ》　正倫《まさつね》）

(1) ㋐次《つぎ》に、何《なに》をしますか。

［ 付《つ》けている（　　　）を（　　　）を入《い》れてみます。 ］

(2) タコは、イソギンチャクにふれそうになると、どうしますか。

［ あわてて（　　　）を（　　　）しまいます。 ］

(3) ㋑水《すい》そうの中《なか》をにげ回《まわ》ったりするのは、何《なん》ですか。一《ひと》つに○をつけましょう。

（　）イソギンチャク
（　）ヤドカリ
（　）タコ

ヤドカリとイソギンチャク (4)

名前

● 次《つぎ》の文章《ぶんしょう》を二回《にかい》読《よ》んで、答《こた》えましょう。

1

実《じつ》は、イソギンチャクのしょく手《しゅ》は、何《なに》かがふれるとはりが飛《と》び出《だ》す仕組《しく》みになっています。㋐そのはりで、魚《さかな》やエビをしびれさせて、えさにするのです。

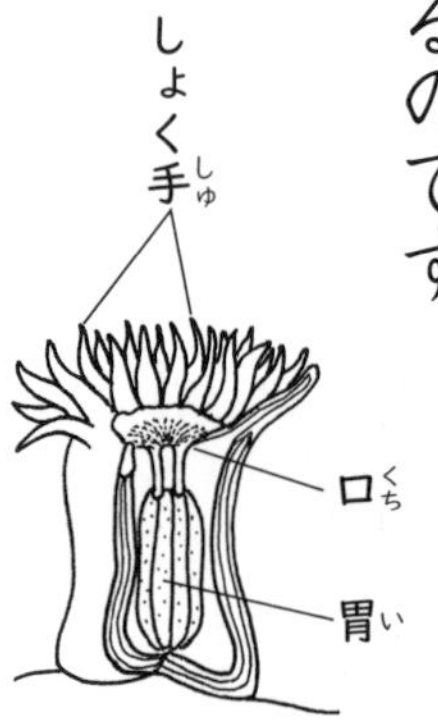

2

タコや魚《さかな》はこのことをよく知《し》っていて、㋑イソギンチャクに近《ちか》づこうとはしません。それで、ヤドカリは、イソギンチャクを自分《じぶん》の貝《かい》がらに付《つ》けることで、敵《てき》から身《み》を守《まも》ることができるのです。

（令和二年度版　東京書籍　新しい国語　四上　武田《たけだ》　正倫《まさつね》）

1

(1) イソギンチャクのしょく手《しゅ》は、どんな仕組《しく》みになっていますか。

何《なに》かが［　　］と、［　　］仕組《しく》みになっています。

(2) ㋐そのはりで、魚《さかな》やエビをどのようにしてえさにするのですか。

［　　］させてえさにするのです。

2

(1) ㋑イソギンチャクに近《ちか》づこうとはしないのは、何《なん》ですか。○をつけましょう。

（　）ヤドカリ

（　）タコや魚《さかな》

(2) ヤドカリが、イソギンチャクを自分《じぶん》の貝《かい》がらに付《つ》けるのは、なぜですか。

［　　］から［　　］を［　　］ことができるから。

走《はし》れ　(1)

● 次《つぎ》の文章《ぶんしょう》を二回《にかい》読《よ》んで、答《こた》えましょう。

名前

1

朝《あさ》の日差《ひざ》しがベランダから
差《さ》しこむ。のぶよは、
のそのそと三人分《さんにんぶん》の
ふとんをたたむ。
今日《きょう》は、春《はる》の運動会《うんどうかい》。
足《あし》のおそいのぶよには、
ゆううつな日《ひ》だ。

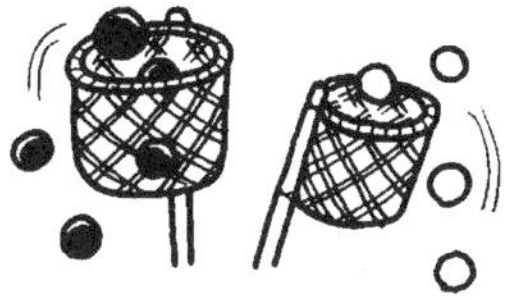

2

「ね、ね、今日《きょう》はお母《かあ》ちゃん、
ぼくが走《はし》るまでに
来《き》てくれるよね。」
歯《は》みがきのとちゅうで、
けんじが顔《かお》をのぞかせる。
「ん……たぶんね。」
のぶよは、お母《かあ》ちゃんの
しわしわのまくらを、
パンッとはたいて、
おし入《い》れに放《ほう》りこんだ。

（令和二年度版　東京書籍　新しい国語　四上　村中《むらなか》　李衣《りえ》）

1

(1) 今日《きょう》は、何《なん》の日《ひ》ですか。

［　　］の［　　　　］。

(2) 今日《きょう》は、のぶよには、どんな日《ひ》ですか。

［　　　　］な日《ひ》。

2

(1) けんじは、だれがいつ来《き》てくれるよねと言《い》っていますか。

「ね、ね、今日《きょう》は［　　　］、
ぼくが［　　　］に
来《き》てくれるよね。」

(2) のぶよは、だれの何《なに》をパンッとはたきましたか。

［　　　］の
しわしわの［　　　］。

※「走れ」の教材は、令和二年度版　教育出版　ひろがる言葉　小学国語　四下　にも掲載されています。

走《はし》れ (2)

名前

● 次《つぎ》の文章《ぶんしょう》を二回《にかい》読《よ》んで、答《こた》えましょう。

のぶよたちのお母《かあ》ちゃんは、
駅前《えきまえ》で、弁当《べんとう》の
仕出《しだ》し屋《や》さんをしている。
お父《とう》ちゃんがなくなってから、
お母《かあ》ちゃんが一人《ひとり》で
がんばっている㋐お店《みせ》だ。
遠足《えんそく》や運動会《うんどうかい》など、
㋑行事《ぎょうじ》のある日《ひ》は大《おお》いそがしで、
朝《あさ》まだ暗《くら》いうちから
仕事《しごと》に出《で》かける。

(令和二年度版 東京書籍 新しい国語 四上 村中《むらなか》 李衣《りえ》)

(1) お母《かあ》ちゃんの仕事《しごと》は何《なに》をしていますか。

駅前《えきまえ》で、[　　]の仕出《しだ》し屋《や》さんをしている。

(2) ㋐お店《みせ》でがんばっているのは、だれですか。

(3) ㋑どんな行事《ぎょうじ》のある日《ひ》が、大《おお》いそがしなのですか。二《ふた》つ答《こた》えましょう。

※「走れ」の教材は、令和二年度版 教育出版 ひろがる言葉 小学国語 四下 にも掲載されています。

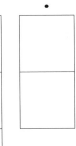

走《はし》れ (3)

名前

● 次《つぎ》の文章《ぶんしょう》を二回《にかい》読《よ》んで、答《こた》えましょう。

1

去年《きょねん》の運動会《うんどうかい》には、
お母《かあ》ちゃんの代《か》わりに、
お店《みせ》の手伝《てつだ》いの
おばさんが
お昼《ひる》の弁当《べんとう》をとどけてくれた。
一年生《いちねんせい》だったけんじは、
とびきりの一等《いっとう》を走《はし》った後《あと》、
お母《かあ》ちゃんが来《き》ていないことを
知《し》って、大《おお》べそをかいた。

2

まだ三年生《さんねんせい》だった
のぶよは、けんじを
なぐさめるのと、
その後始《あとはじ》まる、
びりまちがいなしの
自分《じぶん》の短《たん》きょり走《そう》のことで、
心《こころ》の中《なか》がぐしょぐしょだった。
思《おも》い出《だ》したくない思《おも》い出《で》だ。

（令和二年度版　東京書籍　新しい国語　四上　村中《むらなか》　李衣《りえ》）

1

(1) 去年《きょねん》の運動会《うんどうかい》にお昼《ひる》の弁当《べんとう》をとどけてくれたのは、だれですか。

（　　　　）

(2) けんじが、一等《いっとう》を走《はし》った後《あと》、大《おお》べそをかいたのは、なぜですか。

（　　　　）が（　　　　）ことを知《し》ったから。

2

(1) のぶよが、心《こころ》の中《なか》がぐしょぐしょになったのはどんなことですか。二《ふた》つ書《か》きましょう。

① （　　　　）をなぐさめること。

② びりまちがいなしの（　　　　）の（　　　　）のこと。

※「走れ」の教材は、令和二年度版　教育出版　ひろがる言葉　小学国語　四下　にも掲載されています。

走《はし》れ　(4)

名前

● 次《つぎ》の文章《ぶんしょう》を二回《にかい》読《よ》んで、答《こた》えましょう。

1

あ「絶対《ぜったい》に来《く》るさ！　きのうの
夜《よる》、ちゃんと約束《やくそく》したもん！」
けんじが、㋐むきになって
歯《は》ブラシをふり回《まわ》した。
パッ、パパッ、
パーンと、空《そら》を
つきやぶるように、
花火《はなび》があがった。

2

明《あか》るい音楽《おんがく》といっしょに、
プログラムはどんどん進《すす》んで、
二年生《にねんせい》の短《たん》きょり走《そう》が
始《はじ》まった。のぶよは、
けんじの走《はし》る番《ばん》が来《く》る
ぎりぎりまで、校門《こうもん》の所《ところ》で
待《ま》っていたが、お母《かあ》ちゃんの
バイクは見《み》えなかった。

(令和二年度版　東京書籍　新しい国語　四上　村中《むらなか》　李衣《りえ》)

1

(1) あは、だれが言《い》った言葉《ことば》ですか。

［　　　　］

(2) けんじは、㋐むきになって何《なに》をしましたか。

［歯《は》ブラシを　　　　。］

2

(1) プログラムは、何《なに》といっしょに進《すす》んでいきましたか。

□□□□□

(2) のぶよは、だれを待《ま》っていましたか。

［　　　　］

(3) いつまで待《ま》っていましたか。

［けんじの　　　　が　来《く》る　　　　まで。］

※「走れ」の教材は、令和二年度版　教育出版　ひろがる言葉　小学国語　四下　にも掲載されています。

走《はし》れ (5)

名前

● 次《つぎ》の文章《ぶんしょう》を二回読《にかいよ》んで、答《こた》えましょう。

1

とうとう、けんじたちの番《ばん》が来《き》た。けんじは、保護者席《ほごしゃせき》をちらりと見《み》た。が、すぐにまっすぐ前《まえ》をにらんだ。

2

そして、ピストルが鳴《な》ったしゅん間《かん》、一気《いっき》に飛《と》び出《だ》した。速《はや》い。速《はや》い。
二位《にい》の子《こ》を五《ご》メートルも引《ひ》きはなして、けんじはテープを切《き》った。

（令和二年度版　東京書籍　新しい国語　四上　村中《むらなか》　李衣《りえ》）

1

(1) けんじは、どんな気持《きも》ちで保護者席《ほごしゃせき》を見《み》ましたか。○をつけましょう。

（　）お母《かあ》ちゃんは来《き》てくれているかな。

（　）お母《かあ》ちゃんは来《き》てくれないだろう。

(2) けんじが走《はし》ることに集中《しゅうちゅう》している様子《ようす》が分《わ》かる文《ぶん》を書《か》きましょう。

まっすぐ前《まえ》を［　　　　］。

2

(1) ピストルが鳴《な》ったしゅん間《かん》、けんじはどうしましたか。

(2) けんじは、何位《なんい》になりましたか。

［　　］位

※「走れ」の教材は、令和二年度版　教育出版　ひろがる言葉　小学国語　四下　にも掲載されています。

走《はし》れ　(6)

● 次《つぎ》の文章《ぶんしょう》を二回読《にかいよ》んで、答《こた》えましょう。

名前

1

「けんじはもう
走《はし》っちゃった
かい？」
かけつけたお母《かあ》ちゃんが、
㋐かたで息《いき》をしながら
グラウンドを
のぞきこんだときには、
二年生《にねんせい》の短《たん》きょり走《そう》は
終《お》わっていた。

2

お昼休《ひるやす》み、お母《かあ》ちゃんは、
二年生《にねんせい》の席《せき》までけんじを
むかえに行《い》った。
「お姉《ねえ》ちゃんに聞《き》いたよ。
また一等《いっとう》だったんだって？
やるなあ、けんじは。」
けんじは、下《した》を向《む》いて、
返事《へんじ》をしない。

（令和二年度版　東京書籍　新しい国語　四上　村中《むらなか》　李衣《りえ》）

1

(1) ㋐かたで息《いき》をしながらとは、どんな様子《ようす》ですか。○をつけましょう。

（　）落《お》ち着《つ》いて、しんこきゅうする様子《ようす》。

（　）急《いそ》いで来《き》たので、苦《くる》しそうに息《いき》をする様子《ようす》。

(2) お母《かあ》ちゃんがグラウンドをのぞきこんだとき、何《なに》が終《お》わっていましたか。

2

(1) お母《かあ》ちゃんが、けんじをむかえに行《い》ったのはいつですか。

(2) けんじが返事《へんじ》をしなかったのは、なぜですか。○をつけましょう。

（　）お母《かあ》ちゃんが短《たん》きょり走《そう》に間《ま》に合《あ》わなかったから。

（　）一等《いっとう》になったことを、ほめられてはずかしかったから。

※「走れ」の教材は、令和二年度版　教育出版　ひろがる言葉　小学国語　四下　にも掲載されています。

走《はし》れ　(7)

● 次《つぎ》の文章《ぶんしょう》を二回読《にかいよ》んで、答《こた》えましょう。

名前

1

「店《みせ》の人《ひと》に後《あと》の仕事《しごと》をたのんで
出《で》かけようとしたら、
まとめて弁当《べんとう》の注文《ちゅうもん》が
入《はい》ったんだよ。
三十個《さんじっこ》だからねえ。
その代《か》わり、ほうら。」
お母《かあ》ちゃんは、㋐むねをはって、
くいっと、弁当包《べんとうつつ》みを
のぶよに手《て》わたした。

2

のぶよが包《つつ》みを開《ひら》くと、
けんじがつぶやいた。
「え？　これなの？」
(あ)「これって？」
お母《かあ》ちゃんが、
笑《わら》いながら聞《き》き返《かえ》した。
「ぼく、今日《きょう》は特製《とくせい》のお弁当《べんとう》
作《つく》ってって、言《い》ったのに。」

（令和二年度版　東京書籍　新しい国語　四上　村中《むらなか》　李衣《りえ》）

1

(1) お母《かあ》ちゃんが出《で》かけようとしたら、何《なに》が入《はい》りましたか。

まとめて弁当《べんとう》の［　　］が
［　　］個《こ》入《はい》った。

(2) ㋐むねをはってとは、どういう意味《いみ》ですか。一《ひと》つに○をつけましょう。

（　）自信《じしん》のある様子《ようす》で。
（　）心配《しんぱい》そうに。
（　）不思議《ふしぎ》そうに。

2

(1) (あ)は、だれが言《い》った言葉《ことば》ですか。

(2) けんじは、どんなお弁当《べんとう》を作《つく》ってほしいと言《い》っていましたか。

［　　］のお弁当《べんとう》。

※「走れ」の教材は、令和二年度版　教育出版　ひろがる言葉　小学国語　四下　にも掲載されています。

よかったなあ (1)

名前

● 次《つぎ》の詩《し》を二回《にかい》読《よ》んで、答《こた》えましょう。

よかったなあ

まど・みちお

よかったなあ　草《くさ》や木《き》が
ぼくらの　まわりに　いてくれて
目《め》のさめる　みどりの葉《は》っぱ
美《うつく》しいものの代表《だいひょう》　花《はな》
かぐわしい実《み》

よかったなあ　草《くさ》や木《き》が
何《なん》おく　何《なん》ちょう
もっと㋐数《かず》かぎりなく　いてくれて
どの　ひとつひとつも
みんな　めいめいに違《ちが》っていてくれて

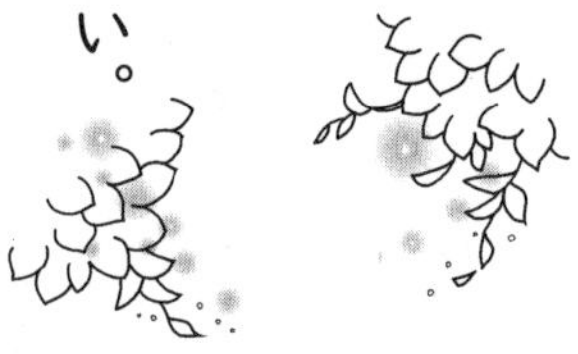

※かぐわしい…かおりがよい。
※めいめい…それぞれ。

(令和二年度版　東京書籍　新しい国語　四上　まど・みちお)

(1) ぼくらのまわりに、何《なに》がいてくれてよかったなあと言《い》っていますか。

［　　　］や［　　　］

(2) 次《つぎ》の①から③はどのように表《あらわ》されていますか。

① みどりの葉《は》っぱ　［　　　　　］

② 花《はな》　［　　　　　］の代表《だいひょう》

③ 実《み》　［　　　　　］

(3) ㋐数《かず》かぎりなくとは、どういう意味《いみ》ですか。○をつけましょう。

（　）数《かず》を数《かぞ》えられないぐらい多《おお》い。

（　）数《かず》を数《かぞ》えられるぐらい少《すく》ない。

よかったなあ　(2)

●次《つぎ》の詩《し》を二回《にかい》読《よ》んで、答《こた》えましょう。

名前

よかったなあ　草《くさ》や木《き》が
㋐どんなところにも　いてくれて
鳥《とり》や　けものや　虫《むし》や　人《ひと》
何《なに》が訪《たず》ねるのをでも
そこで動《うご》かないで　待《ま》っていてくれて

ああ　よかったなあ　㋑草《くさ》や木《き》がいつも
雨《あめ》に洗《あら》われ
風《かぜ》にみがかれ
太陽《たいよう》にかがやいて　きらきらと

（令和二年度版　東京書籍　新しい国語　四上　まど・みちお）

(1) ㋐どんなところにもいるのは、何《なん》ですか。

［　　］や［　　］

(2) 草《くさ》や木《き》に訪《たず》ねてくるのは、何《なん》ですか。四《よっ》つ書《か》きましょう。

［　　］［　　］
［　　］［　　］

(3) ㋑草《くさ》や木《き》がいつも、どのようにいてくれてよかったなあと言《い》っていますか。

草《くさ》や木《き》がいつも
［　　］に洗《あら》われ
［　　］にみがかれ
［　　］にかがやいて
きらきらと

ふしぎ

名前

● 次《つぎ》の詩《し》を二回《にかい》読《よ》んで、答《こた》えましょう。

ふしぎ

金子《かねこ》　みすゞ(ず)

1

わたしはふしぎでたまらない、
黒《くろ》い雲《くも》からふる雨《あめ》が、
銀《ぎん》にひかっていることが。

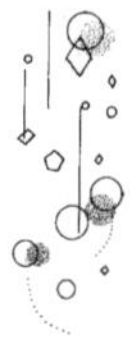

2

わたしはふしぎでたまらない、
青《あお》いくわの葉《は》たべている、
かいこが白《しろ》くなることが。

3

わたしはふしぎでたまらない、
㋐たれもいじらぬ夕顔《ゆうがお》が、
ひとりでぱらりと開《ひら》くのが。

4

わたしはふしぎでたまらない、
たれにきいてもわらってて、
あたりまえだ、ということが。

(令和二年度版　東京書籍　新しい国語　四上　金子《かねこ》　みすゞ(ず))

(1) 1～4のすべての連《れん》でくり返《かえ》されている一行《いちぎょう》は何《なん》ですか。

[　　　　　　　　]

(2) 1 2で、ふしぎに思《おも》っていることは、何《なん》ですか。

1 [□□□]から　ふる雨《あめ》が、[□]に　ひかっていること。

2 [□□]くわの葉《は》を　たべている、かいこが　[□□]なること。

(3) 3の㋐たれもいじらぬとは、どういう意味《いみ》ですか。○をつけましょう。

(　)だれも知《し》らない。

(　)だれも手《て》をくわえない。

白《しろ》いぼうし　(1)

● 次《つぎ》の文章《ぶんしょう》を二回《にかい》読《よ》んで、答《こた》えましょう。

名前

1

「㋐これは、レモンのにおいですか?」

ほりばたでのせたお客《きゃく》の㋑しんしが、はなしかけました。

2

㋐「いいえ、夏《なつ》みかんですよ。」

しんごうが赤《あか》なので、ブレーキをかけてから、うんてんしゅの松井《まつい》さんは、にこにこしてこたえました。

（ポプラ社　二〇〇五年発行　ポプラポケット文庫「車のいろは空のいろ　白いぼうし」あまん　きみこ）

1

(1) お客《きゃく》は、㋐これは、何《なん》のにおいだと聞《き》きましたか。

□□□

(2) ㋑しんしとは、どちらのことですか。○をつけましょう。

（　）男《おとこ》の人《ひと》

（　）女《おんな》の人《ひと》

2

(1) ㋐は、だれが言《い》った言葉《ことば》ですか。○をつけましょう。

（　）お客《きゃく》のしんし

（　）うんてんしゅの松井《まつい》さん

(2) 松井《まつい》さんは、なぜブレーキをかけたのですか。

［　　　　］が［　　］なので、ブレーキをかけた。

「白いぼうし」P31～P45はポプラポケット文庫からの引用ですので、教科書とは漢字・ひらがな・かたかなの表記が異なります。

白《しろ》いぼうし　(2)

● 次《つぎ》の文章《ぶんしょう》を二回《にかい》読《よ》んで、答《こた》えましょう。

名前

㋐きょうは、六月《ろくがつ》のはじめ。
夏《なつ》がいきなり
はじまったような
あつい日《ひ》です。
松井《まつい》さんもお客《きゃく》も、
白《しろ》いワイシャツのそでを、
うでまで
㋑たくしあげていました。

（ポプラ社　二〇〇五年発行　ポプラポケット文庫「車のいろは空のいろ　白いぼうし」あまん　きみこ）

(1) ㋐きょうについて答《こた》えましょう。

① ㋐きょうは、いつですか。

[　　　　]

② ㋐きょうは、どんな日《ひ》ですか。

[　　　]がいきなり
はじまったような
[　　　]日《ひ》です。

(2) ㋑たくしあげてについて答《こた》えましょう。

① ㋑たくしあげてとは、どういう意味《いみ》ですか。○をつけましょう。

（　）まくりあげて
（　）のばして

② 何《なに》を㋑たくしあげていましたか。

白《しろ》い[　][　][　][　][　]の[　][　]。

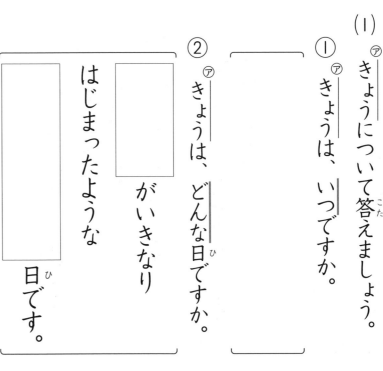

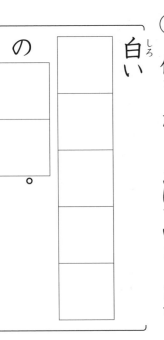

白《しろ》いぼうし　(3)

名前

● 次《つぎ》の文章《ぶんしょう》を二回《にかい》読《よ》んで、答《こた》えましょう。

登場人物《とうじょうじんぶつ》　松井《まつい》さん（うんてんしゅ）・しんし（お客《きゃく》）

1

「ほう、夏《なつ》みかんてのは、㋐こんなににおうものですか？」

「もぎたてなのです。きのう、いなかのおふくろが、“速達《そくたつ》”でおくってくれました。においまでわたしにとどけたかったのでしょう。」

※もぎたて…ねじりとったばかり。

2

あ「ほう、ほう。」

「あまりうれしかったので、いちばん大《おお》きいのを、この車《くるま》にのせてきたのですよ。」

（ポプラ社　二〇〇五年発行　ポプラポケット文庫「車のいろは空のいろ　白いぼうし」あまん　きみこ）

1

(1) なぜ、夏《なつ》みかんは㋐こんなににおうものですか。

(2) だれが、夏《なつ》みかんをおくってくれましたか。

□□□ の □□□□。

2

(1) あは、だれが言《い》った言葉《ことば》ですか。○をつけましょう。

（　）松井《まつい》さん

（　）しんし

(2) 松井《まつい》さんは、いちばん大《おお》きい夏《なつ》みかんをどうしましたか。

この□にのせてきた。

白《しろ》いぼうし ⑷

名前

● 次《つぎ》の文章《ぶんしょう》を二回《にかい》読《よ》んで、答《こた》えましょう。

しんごうが青《あお》にかわると、
たくさんの車《くるま》が
㋐いっせいに走《はし》りだしました。
その大通《おおどお》りをまがって、
ほそいうら通《どお》りに
はいったところで、
しんしはおりていきました。

（ポプラ社　二〇〇五年発行　ポプラポケット文庫「車のいろは空のいろ　白いぼうし」あまん　きみこ）

⑴ ㋐いっせいに走《はし》りだしましたとは、どんな様子《ようす》ですか。○をつけましょう。

（　）一台《いちだい》ずつ走《はし》りだしました。

（　）同時《どうじ》に走《はし》りだしました。

⑵ しんしはどこでおりていきましたか。

その［　　　　］をまがって、ほそい［　　　　］にはいったところで、おりていきました。

白《しろ》いぼうし (5)

名前

● 次《つぎ》の文章《ぶんしょう》を二回《にかい》読《よ》んで、答《こた》えましょう。

1

アクセルをふもうとしたとき、松井《まつい》さんは、㋐はっとしました。

(おや、車道《しゃどう》のあんなすぐそばに、小《ちい》さなぼうしがおちているぞ。㋑風《かぜ》がもうひとふきすれば、車《くるま》がひいてしまうわい。)

2

みどりがゆれている
ヤナギの下《した》に、
かわいい
白《しろ》いぼうしが、
ちょこんとおいてあります。
松井《まつい》さんは車《くるま》からでました。

(ポプラ社　二〇〇五年発行　ポプラポケット文庫「車のいろは空のいろ　白いぼうし」あまん　きみこ)

1

(1) 松井《まつい》さんが㋐はっとしたのは、なぜですか。○をつけましょう。

(　) 小《ちい》さなぼうしがおちているのを見《み》つけたから。

(　) 小《ちい》さなぼうしを車《くるま》でひいてしまったから。

(2) 松井《まつい》さんは、㋑風《かぜ》がもうひとふきすれば、小《ちい》さなぼうしをどうしてしまうと思《おも》いましたか。

［　　］がひいてしまう。

2

(1) 白《しろ》いぼうしは、どこにおいてありますか。

みどりがゆれている［　　　］の下《した》。

白《しろ》いぼうし　(6)

名前

● 次《つぎ》の文章《ぶんしょう》を二回《にかい》読《よ》んで、答《こた》えましょう。

1

そしてぼうしを
㋐つまみあげたとたん、
ふわっとなにかが
㋑とびだしました。
「あれっ!?」
モンシロチョウです。

2

あわててぼうしを
ふりまわしました。
そんな松井《まつい》さんの目《め》のまえを、
チョウは
ひらひら高《たか》くまいあがると、
並木《なみき》のみどりのむこうに
見《み》えなくなってしまいました。

（ポプラ社　二〇〇五年発行　ポプラポケット文庫「車のいろは空のいろ　白いぼうし」あまん　きみこ）

1

(1) 松井《まつい》さんが㋐つまみあげたのは、何《なん》ですか。

(2) 何《なに》が㋑とびだしましたか。七文字《しちもじ》で答《こた》えましょう。

2

(1) □にあてはまる言葉《ことば》を書《か》きましょう。

□は
ひらひら高《たか》くまいあがると、
□のみどりの
むこうに
□
しまいました。

白《しろ》いぼうし　(7)

名前

● 次《つぎ》の文章《ぶんしょう》を二回《にかい》読《よ》んで、答《こた》えましょう。

松井《まつい》さんが、ぼうしをつまみ上《あ》げると、中《なか》からモンシロチョウが飛《と》び出《だ》して、見《み》えなくなってしまいました。

1

(ははあ、㋐わざわざここにおいたんだな。)

ぼうしのうらに、赤《あか》いししゅう糸《いと》で、小《ちい》さくぬいとりがしてあります。

たけ山《やま》ようちえん　たけのたけお

2

小《ちい》さなぼうしをつかんで、ためいきをついている松井《まつい》さんのよこを、ふとったおまわりさんが、じろじろ見《み》ながらとおりすぎました。

(㋑せっかくのえものがいなくなっていたら、この子《こ》は、どんなにがっかりするだろう。)

(ポプラ社　二〇〇五年発行　ポプラポケット文庫「車のいろは空のいろ　白いぼうし」あまん　きみこ)

1

(1) ㋐わざわざここにおいたのは、何《なん》ですか。

(2) ぼうしのうらに、何《なに》で、ぬいとりがしてありますか。

2

(1) 松井《まつい》さんのよこを、とおりすぎたのは、だれですか。

(2) ㋑せっかくのえものとは、何《なん》ですか。○をつけましょう。

(　)とんぼ

(　)モンシロチョウ

白《しろ》いぼうし　(8)

名前

● 次《つぎ》の文章《ぶんしょう》を二回読《にかいよ》んで、答《こた》えましょう。

1

　ちょっとのあいだ、
㋐かたをすぼめて
つったっていた松井《まつい》さんは、
なにをおもいついたのか、
いそいで車《くるま》にもどりました。
　うんてんせきから
とりだしたのは、
あの夏《なつ》みかんです。
まるであたたかい日《ひ》のひかりを
そのままそめつけたような、
㋑みごとないろでした。
　すっぱい、いいにおいが、
風《かぜ》であたりにひろがりました。

2

　松井《まつい》さんは、
その夏《なつ》みかんに
白《しろ》いぼうしを
かぶせると、とばないように
㋒石《いし》でつばをおさえました。

（ポプラ社　二〇〇五年発行　ポプラポケット文庫「車のいろは空のいろ　白いぼうし」あまん　きみこ）

1

(1) ㋐かたをすぼめてとは、どんな様子《ようす》ですか。○をつけましょう。

（　）しせいがよく、元気《げんき》な様子《ようす》。

（　）元気《げんき》がなく、しょんぼりした様子《ようす》。

(2) 松井《まつい》さんがうんてんせきからとりだしたのは、何《なん》ですか。

[　　　　]

(3) ㋑みごとないろとは、どんな色《いろ》でしたか。

まるで[　　　　]日《ひ》の[　　　　]を
そのままそめつけたような、
みごとないろでした。

2

(1) ㋒石《いし》でつばをおさえましたとありますが、なぜですか。

白《しろ》いぼうしが[　　　　]ようにするため。

白《しろ》いぼうし (9)

名前

● 次《つぎ》の文章《ぶんしょう》を二回《にかい》読《よ》んで、答《こた》えましょう。

登場人物《とうじょうじんぶつ》 松井《まつい》さん（うんてんしゅ）・おかっぱのかわいい女《おんな》の子《こ》

　車《くるま》にもどると、おかっぱのかわいい女《おんな》の子《こ》が、ちょこんと㋐うしろのシートにすわっています。

「道《みち》にまよったの。いってもいっても、しかくいたてものばかりだもん。」

　㋑つかれたような声《こえ》でした。

「ええと、どちらまで？」

「え？……ええ、あの、あのね、㋒なの花《はな》よこ町《ちょう》ってあるかしら？」

「なの花橋《はなばし》のことですね。」

（ポプラ社　二〇〇五年発行　ポプラポケット文庫「車のいろは空のいろ　白いぼうし」あまん　きみこ）

(1) ㋐うしろのシートにすわっていたのは、だれですか。

［　　　　］の［　　　　］女《おんな》の子《こ》。

(2) ㋑つかれたような声《こえ》とは、だれの声《こえ》でしたか。○をつけましょう。

（　）女《おんな》の子《こ》
（　）松井《まつい》さん

(3) ㋑つかれたような声《こえ》なのは、なぜですか。

［　　］にまよったから。

(4) ㋒なの花《はな》よこ町《ちょう》を、松井《まつい》さんは何《なん》のことだと答《こた》えましたか。

［　　　　］

白《しろ》いぼうし ⑽

名前

● 次《つぎ》の文章《ぶんしょう》を二回《にかい》読《よ》んで、答《こた》えましょう。

1

エンジンをかけたとき、
とおくからげんきそうな
男《おとこ》の子《こ》の声《こえ》がちかづいて
きました。
「あのぼうしの下《した》さあ。
おかあちゃん、ほんとうだよ。
ほんとうのチョウチョが、
いたんだもん。」

2

水《みず》いろのあたらしい
虫《むし》とりあみを
かかえた男《おとこ》の子《こ》が、
エプロンをつけたままの
おかあさんの手《て》を、
㋐ぐいぐいひっぱってきます。
「ぼくが、あのぼうしを
あけるよ。だから、
㋑おかあちゃんは、
このあみでおさえてね。
あれっ、石《いし》がのせてあらあ。」

（ポプラ社　二〇〇五年発行　ポプラポケット文庫「車のいろは空のいろ　白いぼうし」あまん　きみこ）

1

(1) どんな声《こえ》が近《ちか》づいてきましたか。

［　　　］そうな［　　　］の声《こえ》。

(2) 男《おとこ》の子《こ》は、チョウチョがどこにいたと言《い》いましたか。

あの［　　　］の下《した》。

2

(1) ㋐ぐいぐいひっぱってから、男《おとこ》の子《こ》のどんな気持《きも》ちが分《わ》かりますか。○をつけましょう。

（　）早《はや》くおかあさんをつれて行《い》きたい。

（　）ゆっくりおかあさんをつれて行《い》きたい。

(2) ㋑このあみでおさえてと言《い》ったのは、なぜですか。○をつけましょう。

（　）チョウチョをつかまえるため。

（　）チョウチョをにがすため。

白《しろ》いぼうし (11)

次《つぎ》の文章《ぶんしょう》を二回《にかい》読《よ》んで、答《こた》えましょう。

名前

客《きゃく》せきの女《おんな》の子《こ》が、
うしろからのりだして、
㋐せかせかといいました。
「はやく、㋑おじちゃん。
はやくいってちょうだい。」
松井《まつい》さんは、あわてて
アクセルをふみました。
ヤナギの並木《なみき》が、みるみる
うしろにながれていきます。

（ポプラ社　二〇〇五年発行　ポプラポケット文庫「車のいろは空のいろ　白いぼうし」あまん　きみこ）

(1) ㋐せかせかといいましたとは、どういう様子《ようす》ですか。○をつけましょう。

（　）ゆっくりと言《い》う様子《ようす》。

（　）いそいで言《い》う様子《ようす》。

(2) ㋑おじちゃんとは、だれですか。

(3) 松井《まつい》さんは、あわててどうしましたか。

［　　　　］をふみました。

白《しろ》いぼうし (12)

名前

● 次《つぎ》の文章《ぶんしょう》を二回《にかい》読《よ》んで、答《こた》えましょう。

(おかあさんが虫《むし》とりあみを
かまえて、あの子《こ》が
ぼうしをそうっと
あけたとき――)

と、ハンドルをまわしながら、
松井《まつい》さんはおもいます。

(あの子《こ》は、どんなに
㋐目《め》をまるくしただろう。)

すると、ぽかっと口《くち》をO《オー》の
字《じ》にあけている男《おとこ》の子《こ》の顔《かお》が、
見《み》えてきます。

(おどろいただろうな。
㋑まほうのみかんと
おもうかな。
なにしろ、
チョウが
ばけたんだから――)

(ポプラ社　二〇〇五年発行　ポプラポケット文庫「車のいろは空のいろ　白いぼうし」あまん　きみこ)

(1) ㋐目《め》をまるくしただろうとにた意味《いみ》の言葉《ことば》を文中《ぶんちゅう》から書《か》き出《だ》しましょう。

□□□□□ だろうな。

(2) 松井《まつい》さんには、男《おとこ》の子《こ》のどんな顔《かお》が見《み》えてきますか。

□□□□

口《くち》を□の□にあけている顔《かお》。

(3) ㋑まほうのみかんとおもうかなと考《かんが》えたのは、なぜですか。あてはまる言葉《ことば》を□からえらんで書《か》きましょう。

□が□にばけたから。

・みかん　・チョウ

白《しろ》いぼうし ⑬

名前

● 次《つぎ》の文章《ぶんしょう》を二回《にかい》読《よ》んで、答《こた》えましょう。

1

「ふふふっ。」
ひとりでに
わらいが
こみあげてきました。
でも、つぎに、
「おや。」
松井《まつい》さんはあわてました。
バックミラーには、だれも
うつっていません。
ふりかえっても、
だれもいません。

2

㋐「おかしいな。」
松井《まつい》さんは車《くるま》をとめて、
考《かんが》えかんがえ、まどのそとを
見《み》ました。

（ポプラ社　二〇〇五年発行　ポプラポケット文庫「車のいろは空のいろ　白いぼうし」あまん　きみこ）

1

(1) 松井《まつい》さんは、「ふふふっ。」とひとりでに何《なに》がこみあげてきましたか。

(2) 松井《まつい》さんがあわてたのは、なぜですか。二《ふた》つ書《か》きましょう。

① バックミラーには、だれも（　　　）いません。

② ふりかえっても、（　　　）いません。

2

(1) ㋐おかしいなと思《おも》った松井《まつい》さんは、車《くるま》をとめて、どこを見《み》ましたか。

白《しろ》いぼうし (14)

名前

● 次《つぎ》の文章《ぶんしょう》を二回《にかい》読《よ》んで、答《こた》えましょう。

松井《まつい》さんは車《くるま》を止《と》めて、まどの外《そと》を見《み》ました。

1

㋐そこは、小《ちい》さな団地《だんち》の
まえの小《ちい》さな野原《のはら》でした。
白《しろ》いチョウが、二十《にじゅう》も
三十《さんじゅう》も、いえ、
もっとたくさん
㋑とんでいました。

2

クローバーが
青《あお》あおとひろがり、
わた毛《げ》ときいろの花《はな》の
まざったタンポポが、
てんてんの
もようになって
さいています。

（ポプラ社　二〇〇五年発行　ポプラポケット文庫「車のいろは空のいろ　白いぼうし」あまん　きみこ）

1

(1) ㋐そこは、どこでしたか。

小《ちい》さな［　　］のまえの
小《ちい》さな［　　］でした。

(2) 何《なに》が㋑とんでいましたか。

白《しろ》い［　］［　］［　］。

2

(1) 青《あお》あおとひろがっているのは、何《なん》ですか。

［　］［　］［　］［　］［　］

(2) タンポポは、どんなもようになってさいていますか。

［　］［　］［　］［　］のもよう。

白《しろ》いぼうし ⒂

名前

● 次《つぎ》の文章《ぶんしょう》を二回《にかい》読《よ》んで、答《こた》えましょう。

1

その上《うえ》を、おどるように
とんでいるチョウを
ぼんやり見《み》ているうち、
松井《まつい》さんには、こんな声《こえ》が
きこえてきました。

2

「よかったね。」
「よかったよ。」
「よかったね。」
「よかったよ。」

それは、シャボン玉《だま》の
はじけるような、
小《ちい》さな小《ちい》さな声《こえ》でした。
車《くるま》のなかには、まだ
かすかに、夏《なつ》みかんの
㋐においがのこっています。

（ポプラ社　二〇〇五年発行　ポプラポケット文庫「車のいろは空のいろ　白いぼうし」あまん　きみこ）

1

(1) 松井《まつい》さんは、何《なに》をぼんやり見《み》ていましたか。

とんでいる［　　　］ように［　　　］。

2

(1) 「よかったね。」「よかったよ。」は、どんな声《こえ》でしたか。

はじけるような、［　　　］の［　　　］声《こえ》でした。

(2) 車《くるま》のなかには、まだかすかに、何《なん》の㋐においがのこっていますか。

［　　　］のにおい。

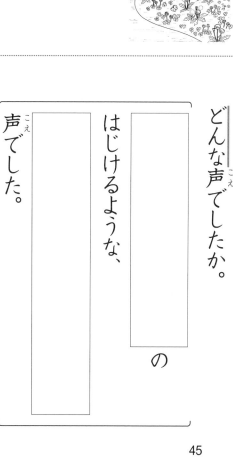

一《ひと》つの花《はな》 (1)

名前

● 次《つぎ》の文章《ぶんしょう》を二回《にかい》読《よ》んで、答《こた》えましょう。

1

「一《ひと》つだけ、ちょうだい。」
これが、ゆみ子《こ》の
はっきりおぼえた、
㋐最初《さいしょ》のことばでした。

2

まだ、戦争《せんそう》の
はげしかったころのことです。
㋑そのころは、おまんじゅうだの、キャラメルだの、チョコレートだの、そんなものは、どこへ行《い》っても
ありませんでした。
おやつどころではありませんでした。食《た》べるものといえば、お米《こめ》のかわりに配給《はいきゅう》される、おいもや、まめや、かぼちゃしか
ありませんでした。

（ポプラ社　二〇〇五年発行　ポプラポケット文庫「一つの花」今西《いまにし》祐行《すけゆき》）

1

(1) ゆみ子《こ》がはっきりおぼえた、㋐最初《さいしょ》のことばは、何《なん》ですか。

「　　　　　、　　　　　。」

2

(1) ㋑そのころとは、いつのころですか。

(2) ㋑そのころは、何《なに》を食《た》べていましたか。三《みっ》つ書《か》きましょう。

・
・
・

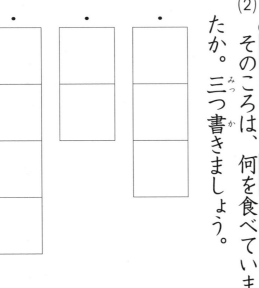

一《ひと》つの花《はな》 (2)

名前

● 次《つぎ》の文章《ぶんしょう》を二回《にかい》読《よ》んで、答《こた》えましょう。

1

毎日《まいにち》、てきの飛行機《ひこうき》が
とんできて、ばくだんを
落《お》としていきました。
町《まち》は、つぎつぎに焼《や》かれて、
灰《はい》になっていきました。

2

ゆみ子《こ》は、いつもおなかを
すかしていたのでしょうか。
ごはんのときでも、
おやつのときでも、
もっと、もっと、といって、
㋐いくらでもほしがるのでした。

（ポプラ社　二〇〇五年発行　ポプラポケット文庫「一つの花」今西《いまにし》　祐行《すけゆき》）

1

(1) 毎日《まいにち》、てきの飛行機《ひこうき》は、何《なに》を落《お》としていきましたか。

(2) 町《まち》は、どうなっていきましたか。

町《まち》は、つぎつぎに（　　）、（　　）になっていきました。

2

(1) ㋐いくらでもほしがるについて答《こた》えましょう。

① だれが、ほしがるのですか。

② 何《なん》と言《い》って、ほしがるのですか。

一《ひと》つの花《はな》 (3)

名前

● 次《つぎ》の文章《ぶんしょう》を二回《にかい》読《よ》んで、答《こた》えましょう。

すると、ゆみ子《こ》の
おかあさんは、
㋐「じゃあね、一《ひと》つだけよ。」
といって、自分《じぶん》のぶんから
一《ひと》つ、ゆみ子《こ》にわけて
くれるのでした。
「一《ひと》つだけ……。一《ひと》つだけ……。」
と、これが、
㋑おかあさんの口《くち》ぐせに
なってしまいました。
ゆみ子《こ》は知《し》らず知《し》らずの
うちに、おかあさんの、
この口《くち》ぐせを
おぼえて
しまったのです。

（ポプラ社　二〇〇五年発行　ポプラポケット文庫「一つの花」今西《いまにし》祐行《すけゆき》）

(1) ㋐じゃあね、一《ひと》つだけよと言《い》って、おかあさんは、何《なに》をしますか。

［　　　］から、［　　　］、［　　　］にわけて
くれるのでした。

(2) ㋑おかあさんの口《くち》ぐせについて答《こた》えましょう。

① ㋑おかあさんの口《くち》ぐせは、何《なん》ですか。

［□□□□］……。

② ㋑おかあさんの口《くち》ぐせをおぼえてしまったのは、だれですか。

［　　　］

一《ひと》つの花《はな》 (4)

名前

● 次《つぎ》の文章《ぶんしょう》を二回《にかい》読《よ》んで、答《こた》えましょう。

「一《ひと》つだけ……。」と、ゆみ子《こ》はお母《かあ》さんの口《くち》ぐせを覚《おぼ》えてしまいました。

「なんて
㋐かわいそうな子《こ》でしょうね。
㋑一《ひと》つだけちょうだいと
いえば、なんでも
もらえると思《おも》ってるのね。」
あるとき、おかあさんが
いいました。
すると、おとうさんが、
ふかいため息《いき》をついて
いいました。

（ポプラ社　二〇〇五年発行　ポプラポケット文庫「一つの花」今西《いまにし》祐行《すけゆき》）

(1) ㋐かわいそうな子《こ》とは、だれのことですか。

(2) ゆみ子《こ》は、㋑一《ひと》つだけちょうだいと言《い》えば、どうなると思《おも》っていますか。

(3) おかあさんの言葉《ことば》を聞《き》いて、おとうさんは、どうしましたか。

□をついていいました。

一《ひと》つの花《はな》 (5)

名前

● 次《つぎ》の文章《ぶんしょう》を二回《にかい》読《よ》んで、答《こた》えましょう。

あ

「この子《こ》は、一生《いっしょう》、
みんなちょうだい、
山《やま》ほどちょうだいといって、
両手《りょうて》をだすことを知《し》らずに
すごすかもしれないね。
……一《ひと》つだけのいも、
一《ひと》つだけのにぎりめし、
一《ひと》つだけのかぼちゃの
煮《に》つけ……。
みんな一《ひと》つだけ。
一《ひと》つだけのよろこびさ。
いや、よろこびなんて、
一《ひと》つだってもらえないかも
しれないんだね。
いったい、大《おお》きくなって、
どんな子《こ》にそだつだろう。」

そんなとき、
おとうさんはきまって、
㋐ゆみ子《こ》をめちゃくちゃに
たかいたかいするのでした。

（ポプラ社　二〇〇五年発行　ポプラポケット文庫「一つの花」今西《いまにし》祐行《すけゆき》）

(1) あは、だれが言《い》った言葉《ことば》ですか。○をつけましょう。

（　）ゆみ子

（　）おとうさん

(2) □にあてはまる言葉《ことば》を書《か》きましょう。

一《ひと》つだけのよろこびさ。
いや、［　　　　］なんて、一《ひと》つだって
［　　　　　］かもしれないんだね。
いったい、大《おお》きくなって、
［　　　　］にそだつだろう。

(3) おとうさんは㋐ゆみ子《こ》をどうするのですか。

ゆみ子《こ》をめちゃくちゃに
［　　　　　］
するのでした。

一《ひと》つの花《はな》　(6)

● 次《つぎ》の文章《ぶんしょう》を二回《にかい》読《よ》んで、答《こた》えましょう。

名前

1

それからまもなく、
あまりじょうぶでない
ゆみ子《こ》のおとうさんも、
戦争《せんそう》に行《い》かなければ
ならない日《ひ》が、
やってきました。

2

おとうさんが戦争《せんそう》に行《い》く日《ひ》、
ゆみ子《こ》は、おかあさんに
おぶわれて、
とおい汽車《きしゃ》のえきまで、
㋐おくっていきました。
頭《あたま》には、おかあさんの
つくってくれた、
わたいれの防空《ぼうくう》ずきんを
㋑かぶって
いきました。

※おぶう…せおう。

（ポプラ社　二〇〇五年発行　ポプラポケット文庫「一つの花」今西《いまにし》祐行《すけゆき》）

1

(1) だれが、戦争《せんそう》に行《い》かなければならないのですか。

あまり［　　　　］ゆみ子《こ》の［　　　　］。

2

(1) ゆみ子《こ》は、おとうさんを㋐どこまでおくっていきましたか。

［　　　　］

(2) ゆみ子《こ》は、頭《あたま》に何《なに》を㋑かぶっていきましたか。

［　　　　］のつくってくれた、わたいれの［　　　　］。

一《ひと》つの花《はな》　(7)

名前

● 次《つぎ》の文章《ぶんしょう》を二回《にかい》読《よ》んで、答《こた》えましょう。

1

おかあさんのかたにかかっているかばんには、ほうたい、おくすり、配給《はいきゅう》のきっぷ、そして、だいじなお米《こめ》でつくった、おにぎりがはいっていました。

2

ゆみ子《こ》は、おにぎりがはいっているのを、ちゃあんと㋐知《し》っていましたので、

「一《ひと》つだけちょうだい。おじぎり一《ひと》つだけちょうだい。」

といって、えきにつくまでにみんな食《た》べてしまいました。

（ポプラ社　二〇〇五年発行　ポプラポケット文庫「一つの花」今西《いまにし》祐行《すけゆき》）

1

(1) かばんにはいっているのは何《なん》ですか。四《よっ》つ書《か》きましょう。

・
・
・
・

2

(1) ゆみ子《こ》は、何《なに》を㋐知《し》っていましたか。

かばんに［　　　　］がはいっていること。

(2) ゆみ子《こ》は、おにぎりをどうしましたか。

［　　　　］につくまでに、みんな［　　　　］しまいました。

一《ひと》つの花《はな》 (8)

名前

● 次《つぎ》の文章《ぶんしょう》を二回《にかい》読《よ》んで、答《こた》えましょう。

1

おかあさんは、
戦争《せんそう》に行《い》くおとうさんに、
ゆみ子《こ》のなき顔《がお》を
㋐見《み》せたくなかったので
しょうか。

2

えきには、ほかにも
戦争《せんそう》に行《い》く人《ひと》があって、
人《ひと》ごみのなかから、
ときどき、バンザイの声《こえ》が
おこりました。
また、べつのほうからは、
たえずいさましい軍歌《ぐんか》が
きこえてきました。

（ポプラ社　二〇〇五年発行　ポプラポケット文庫「一つの花」今西《いまにし》祐行《すけゆき》）

1

(1) おかあさんは、おとうさんに何《なに》を㋐見《み》せたくなかったのでしょうかと書《か》かれていますか。

[　　　]の[　　　]。

2

(1) 人《ひと》ごみのなかから、ときどきおこったのは、何《なん》ですか。

[　　　　]の声《こえ》。

(2) べつのほうからきこえてきたのは、何《なん》ですか。

[　　　　　]軍歌《ぐんか》。

一《ひと》つの花《はな》 (9)

名前

次《つぎ》の文章《ぶんしょう》を二回《にかい》読《よ》んで、答《こた》えましょう。

1

ゆみ子《こ》とおかあさんの
ほかに見《み》おくりのない
おとうさんは、
プラットホームの
はしのほうで、
ゆみ子《こ》をだいて、
そんなばんざいや、
軍歌《ぐんか》の声《こえ》にあわせて、
小《ちい》さくばんざいをしたり、
歌《うた》をうたったりしていました。
まるで、戦争《せんそう》になんか
行《い》く人《ひと》ではないかのように……。

2

ところが、いよいよ汽車《きしゃ》が
はいってくるというときに
なって、また、ゆみ子《こ》の
「一《ひと》つだけちょうだい。」が、
はじまったのです。

（ポプラ社　二〇〇五年発行　ポプラポケット文庫「一つの花」今西《いまにし》祐行《すけゆき》）

1

(1) おとうさんを見《み》おくりにきたのはだれとだれですか。

□□□ と □□□□□。

(2) おとうさんの様子《ようす》にあてはまる言葉《ことば》を、□に書《か》きましょう。

まるで、□に
なんか行《い》く人《ひと》では
□かのように……。

2

(1) いよいよ汽車《きしゃ》がはいってくるというときになって、ゆみ子《こ》の何《なに》がはじまったのですか。

一《ひと》つの花《はな》 (10)

名前

● 次《つぎ》の文章《ぶんしょう》を二回《にかい》読《よ》んで、答《こた》えましょう。

1

「みんなおやりよ、かあさん。おにぎりを……。」

おとうさんがいいました。

「ええ、㋐もう食《た》べちゃったんですの……。ゆみちゃん、いいわねえ、おとうちゃん、へいたいちゃんになるんだって、ばんざーいって……。」

2

おかあさんはそういって、ゆみ子《こ》をあやしましたが、ゆみ子《こ》はとうとうなきだしてしまいました。

「一《ひと》つだけ……。一《ひと》つだけ……。」

といって。

（ポプラ社　二〇〇五年発行　ポプラポケット文庫「一つの花」今西《いまにし》祐行《すけゆき》）

1

(1) だれが何《なに》を㋐もう食《た》べちゃったのですか。

［　　　　］が［　　　　］をもう食《た》べちゃったのです。

(2) おかあさんはゆみ子《こ》に、おとうさんが、何《なに》になるといいましたか。

［　　　　］ちゃん

2

(1) おかあさんは、ゆみ子《こ》をあやしましたが、ゆみ子《こ》はどうしてしまいましたか。

ゆみ子《こ》はとうとう［　　　　　］しまいました。

一《ひと》つの花《はな》（11）

名前

● 次《つぎ》の文章《ぶんしょう》を二回《にかい》読《よ》んで、答《こた》えましょう。

1

おかあさんが、ゆみ子《こ》を
いっしょうけんめいあやして
いるうちに、おとうさんが、
ぷいといなくなって
しまいました。

2

おとうさんは、
プラットホームのはしっぽの、
ごみすて場《ば》のようなところに、
わすれられたように
さいていた、コスモスの花《はな》を
㋐見《み》つけたのです。
あわててかえってきた
おとうさんの手《て》には、
一《いち》りんのコスモスの花《はな》が
ありました。

（ポプラ社　二〇〇五年発行　ポプラポケット文庫「一つの花」今西《いまにし》祐行《すけゆき》）

1

(1) おかあさんが、ゆみ子《こ》をあやしているうちに、おとうさんが、どうなってしまいましたか。

おとうさんが、
［　　　］と［　　　］
しまいました。

2

(1) ㋐見《み》つけたについて答《こた》えましょう。

① 何《なに》を㋐見《み》つけたのですか。

［　　　　］の花《はな》。

② だれが㋐見《み》つけたのですか。

［　　　　　］

(2) おとうさんの手《て》には、何《なに》がありましたか。

［　　　］の［　　　　］の花《はな》。

一《ひと》つの花《はな》 (12)

名前

● 次《つぎ》の文章《ぶんしょう》を二回読《にかいよ》んで、答《こた》えましょう。

1

㋐「ゆみ。さあ、
一《ひと》つだけあげよう。
一《ひと》つだけのお花《はな》、
だいじにするんだよう……。」
ゆみ子《こ》は、おとうさんに
花《はな》をもらうと、
きゃっきゃっと、
足《あし》をばたつかせて
よろこびました。

2

おとうさんは、㋐それを見《み》て、
にっこりわらうと、
なにもいわずに汽車《きしゃ》にのって
行《い》ってしまいました。
ゆみ子《こ》のにぎっている
一《ひと》つの花《はな》を
見《み》つめ
ながら……。

（ポプラ社　二〇〇五年発行　ポプラポケット文庫「一つの花」今西《いまにし》祐行《すけゆき》）

1

(1) ㋐は、だれが言《い》った言葉《ことば》ですか。

［　　　　　］

(2) ゆみ子《こ》は、おとうさんに花《はな》をもらうと、どのようによろこびましたか。

［　　　　］と、［　　］をばたつかせてよろこびました。

2

(1) ㋐それとは、何《なに》を表《あらわ》していますか。○をつけましょう。

（　）ゆみ子《こ》のよろこぶすがた。
（　）のって行《い》く汽車《きしゃ》。

(2) お父《とう》さんは、何《なに》を見《み》つめながら汽車《きしゃ》にのって行《い》ってしまいましたか。

［　　　　］のにぎっている［　　　　］。

一《ひと》つの花《はな》 ⒀

名前

● 次《つぎ》の文章《ぶんしょう》を二回読《にかいよ》んで、答《こた》えましょう。

それから、十年《じゅうねん》の年月《としつき》が
すぎました。

㋐ゆみ子《こ》はおとうさんの
かおをおぼえていません。

自分《じぶん》におとうさんが
あったことも、あるいは
知《し》らないのかもしれません。

でも、いま、ゆみ子《こ》の
とんとんぶきの小《ちい》さな家《いえ》は、
コスモスの花《はな》で
いっぱいに
つつまれています。

※とんとんぶき…
かわらの代《か》わりに、うすい木《き》の板《いた》を
打《う》ちつけた、そまつな屋根《やね》。

（ポプラ社　二〇〇五年発行　ポプラポケット文庫「一つの花」今西《いまにし》　祐行《すけゆき》）

⑴ ㋐ゆみ子《こ》はおとうさんのかおをおぼえていませんとありますが、どんなことが考《かんが》えられますか。○をつけましょう。

（　）おとうさんが戦争《せんそう》からもどって来《き》た。

（　）おとうさんは戦争《せんそう》からもどって来《こ》なかった。

⑵ 今《いま》のゆみ子《こ》の家《いえ》は、どんな様子《ようす》ですか。

とんとんぶきの小《ちい》さな家《いえ》は、
□□□□の花《はな》で
□□□□に
つつまれています。

⑶ 今《いま》のゆみ子《こ》の家《いえ》の様子《ようす》から、どんなことが考《かんが》えられますか。○をつけましょう。

（　）まだ戦争《せんそう》がつづいている。

（　）平和《へいわ》にくらしている。

一《ひと》つの花《はな》 (14)

名前

● 次《つぎ》の文章《ぶんしょう》を二回《にかい》読《よ》んで、答《こた》えましょう。

1

そこからミシンの音《おと》が、
たえず、早《はや》くなったり
おそくなったり、
まるでなにかおはなしを
しているかのように
きこえてきます。
それはあの
おかあさんでしょうか。

2

「かあさん、
おにくとおさかなと、
どっちがいいの。」
と、ゆみ子《こ》のたかい声《こえ》が、
コスモスのなかから
きこえて
きました。

（ポプラ社　二〇〇五年発行　ポプラポケット文庫「一つの花」今西《いまにし》祐行《すけゆき》）

1

(1) 早《はや》くなったり、おそくなったり きこえてくるのは、何《なん》の音《おと》ですか。

□□□

(2) ミシンの音《おと》は、何《なに》をしているかのようにきこえてきますか。

まるでなにか
□□□□を
しているかのように
きこえてきます。

2

(1) ゆみ子《こ》の言《い》った言葉《ことば》を書《か》きましょう。

「かあさん、
□□□と、
□□□□と
どっちがいいの。」

一《ひと》つの花《はな》 (15)

名前

● 次《つぎ》の文章《ぶんしょう》を二回《にかい》読《よ》んで、答《こた》えましょう。

すると、ミシンの音《おと》が
しばらくやみました。
㋐やがて、ミシンの音《おと》が
またいそがしく
はじまったとき、
買《か》い物《もの》かごを
さげたゆみ子《こ》が、
スキップをしながら、
コスモスのトンネルを
㋑くぐってでてきました。
そして、町《まち》のほうへ
行《い》きました。
　きょうは、㋒日曜日《にちようび》、
ゆみ子《こ》が
小《ちい》さなおかあさんになって、
おひるをつくる日《ひ》です。

（ポプラ社　二〇〇五年発行　ポプラポケット文庫「一つの花」今西《いまにし》　祐行《すけゆき》）

(1) ㋐やがて、ミシンの音《おと》はどうなりましたか。○をつけましょう。

（　）しばらくやみました。

（　）またいそがしくはじまりました。

(2) ゆみ子《こ》は、どこを㋑くぐってでてきましたか。

□□□□ の □□□□。

(3) ㋒日曜日《にちようび》は、どんな日《ひ》ですか。

ゆみ子《こ》が小《ちい》さな □□□□□ になって、□□□ をつくる日《ひ》です。

漢字《かんじ》の組《く》み立《た》て (1)

名前

● 次《つぎ》の■の部分《ぶぶん》に部首《ぶしゅ》をもつ漢字《かんじ》の部首名《ぶしゅめい》を（　）に書《か》きましょう。
また、□に漢字《かんじ》を書《か》きましょう。

① かんむり

- 艹（くさかんむり）　花
- ⺮（たけかんむり）　筆
- 雨（あめかんむり）　雲
- 宀（うかんむり）　家

② にょう

- 辶（しんにょう）または（しんにゅう）　遠

③ たれ

- 广（まだれ）　広

④ あし

- 心（こころ）　意
- 灬（れんが）または（れっか）　照

⑤ かまえ

- 口（くにがまえ）　国

⑥ かまえ

- 門（もんがまえ）　間

漢字《かんじ》の組《く》み立《た》て (2)

名前

● ▮の部分《ぶぶん》に部首《ぶしゅ》をもつ漢字《かんじ》の部首名《ぶしゅめい》を〔　〕から選《えら》んで（　）に書《か》きましょう。また、漢字《かんじ》を┆┆から選《えら》んで□に書《か》きましょう。

① かんむり

・艹（　　）□
・⺮（　　）□
・⻗（　　）□
・宀（　　）□

② にょう

・辶（　　）□

③ たれ

・广（　　）□

④ あし

・心（　　）□
・灬（　　）□

⑤ かまえ

・口（　　）□

⑥ かまえ
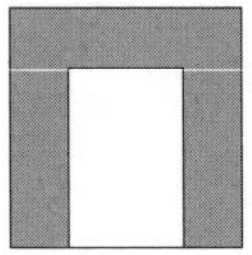
・門（　　）□

〔・くさかんむり　・たけかんむり　・あめかんむり
・うかんむり　・しんにょう（しんにゅう）・くにがまえ
・こころ　・れんが（れっか）　・まだれ　・もんがまえ〕

・花　・意　・間　・雲　・家
・筆　・国　・照　・遠　・広

漢字《かんじ》の組《く》み立《た》て (3)

名前

(1) 次《つぎ》の漢字《かんじ》の共通《きょうつう》の部首《ぶしゅ》の意味《いみ》を、□に書《か》きましょう。

① 菜・草　植物《しょくぶつ》

② 箱・算　竹《たけ》

③ 悪・思　こころ

④ 近・通　道《みち》

⑤ 開・関　門《もん》

⑥ 雲・雪　雨《あめ》

(2) 下《した》の㋐と㋑の二《ふた》つの部分《ぶぶん》を組《く》み合《あ》わせて、漢字《かんじ》を作《つく》ります。①〜④の部首名《ぶしゅめい》に合《あ》う漢字《かんじ》を、□に書《か》きましょう。

① うかんむり　安

② れんが（れっか）　熱

③ まだれ　店

④ くにがまえ　図

㋐
宀　广
囗　灬

㋑
㐅　埶
女　占

漢字《かんじ》の組《く》み立《た》て (4)

名前

(1) 次《つぎ》の漢字《かんじ》の共通《きょうつう》の部首《ぶしゅ》の意味《いみ》を、□から選《えら》んで□に書《か》きましょう。

① 菜・草 □

② 箱・算 □

③ 悪・思 □

④ 近・通 □

⑤ 開・関 □

⑥ 雲・雪 □

・こころ　・門《もん》　・竹《たけ》　・植物《しょくぶつ》　・道《みち》　・雨《あめ》

(2) 下《した》の㋐と㋑の二《ふた》つの部分《ぶぶん》を組《く》み合《あ》わせて、漢字《かんじ》を作《つく》ります。①～④の部首名《ぶしゅめい》に合《あ》う漢字《かんじ》を、□に書《か》きましょう。

① うかんむり □

② れんが（れっか） □

③ まだれ □

④ くにがまえ □

㋐

宀　广　口　灬

㋑

义　埶　女　占

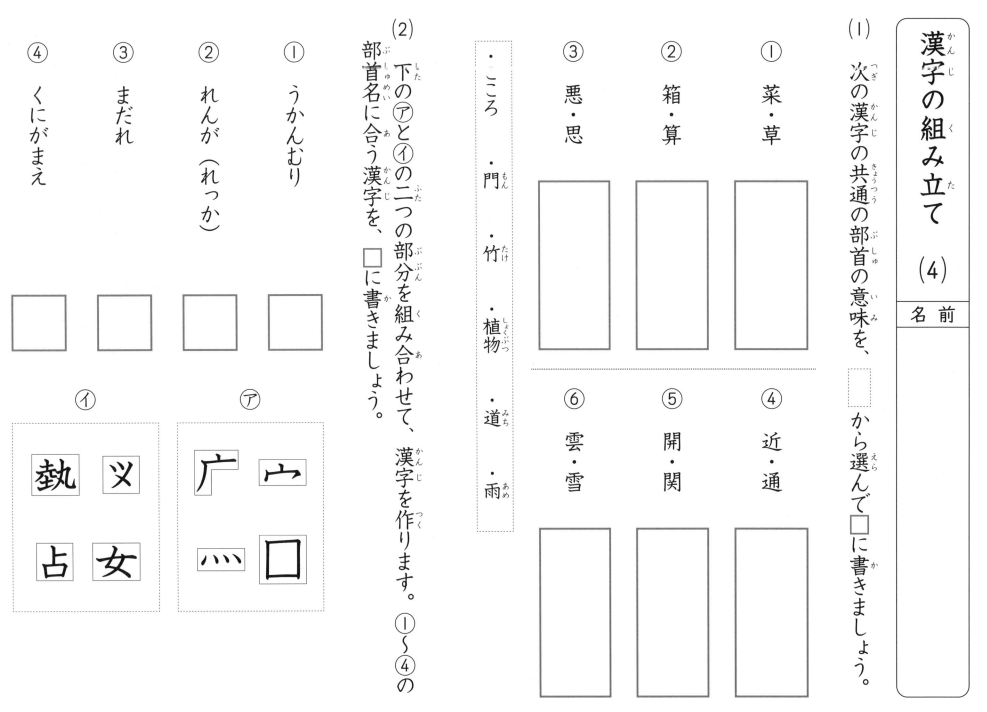

漢字《かんじ》の組《く》み立《た》て　(5)

名前

(1) 次《つぎ》の漢字《かんじ》とそれぞれの部首《ぶしゅ》㋐㋑を組《く》み合《あ》わせて漢字《かんじ》を作《つく》り、□に書《か》きましょう。

① 田
㋐ 心（こころ）
㋑ 糸（いとへん）
思　細

② 寺
㋐ 彳（ぎょうにんべん）
㋑ ⺮（たけかんむり）
待　等

③ 木
㋐ 亻（にんべん）
㋑ 木（きへん）
休　林

④ 口
㋐ 門（もんがまえ）
㋑ 禾（のぎへん）
問　和

(2) □に①～④の同《おな》じ部首《ぶしゅ》をもつ漢字《かんじ》を、文《ぶん》の意味《いみ》を考《かんが》えて書《か》きましょう。
（　）に部首名《ぶしゅめい》を書《か》きましょう。

① ⺮（たけかんむり）
・毛《もう》筆《ひつ》で書《か》く。
・木《き》の箱《はこ》に入《い》れる。

② 广（まだれ）
・広《ひろ》場《ば》で遊《あそ》ぶ。
・商《しょう》店《てん》で買《か》い物《もの》をする。

③ 灬（れんが）または（れっか）
・照《しょう》明《めい》を当《あ》てる。
・熱《あつ》い湯《ゆ》をわかす。

④ 辶（しんにょう）または（しんにゅう）
・遠《とお》くの山《やま》を見《み》る。
・学校《がっこう》の前《まえ》を通《とお》る。

漢字《かんじ》の組《く》み立《た》て (6)

名前

(1) 次《つぎ》の漢字《かんじ》とそれぞれの部首《ぶしゅ》㋐㋑を組《く》み合《あ》わせて漢字《かんじ》を作《つく》り、□に書《か》きましょう。

① 田
㋐ 心（こころ）
㋑ 糸（いとへん）
思　□

② 寺
㋐ 彳（ぎょうにんべん）
㋑ ⺮（たけかんむり）
□　□

③ 木
㋐ 亻（にんべん）
㋑ 木（きへん）
□　□

④ 口
㋐ 門（もんがまえ）
㋑ 禾（のぎへん）
□　□

(2) □に①～④の同《おな》じ部首《ぶしゅ》をもつ漢字《かんじ》を、□の中から選《えら》んで書《か》きましょう。（　）に部首名《ぶしゅめい》を〔　〕から選《えら》んで書《か》きましょう。

① ⺮（　　　）
・毛《もう》□で書《か》く。
・木《き》の□に入《い》れる。

② 广（　　　）
・□場《ば》で遊《あそ》ぶ。
・商《しょう》□で買《か》い物《もの》をする。

③ 灬（　　　）
・□明《めい》を当《あ》てる。
・□い湯《ゆ》をわかす。

④ 辶（　　　）
・□くの山《やま》を見《み》る。
・学校《がっこう》の前《まえ》を□る。

・筆　・広　・照　・通　・遠　・熱　・箱　・店

〔・たけかんむり　・まだれ　・れんが（れっか）　・しんにょう（しんにゅう）〕

漢字《かんじ》辞典《じてん》の使《つか》い方《かた》 (1)

名前

(1) 漢字辞典《かんじじてん》で「湖」を調《しら》べます。①〜③はどの引《ひ》き方《かた》にあてはまりますか。——線《せん》でむすびましょう。

湖

① 訓読《くんよ》み「みずうみ」または、音読《おんよ》み「コ」から調《しら》べる。 •

② 部首《ぶしゅ》の画数《かくすう》を数《かぞ》える。「氵」なので三画《さんかく》です。 •

③ 「湖」の総画数《そうかくすう》は、十二画《じゅうにかく》です。十二画《じゅうにかく》のページからわかる。 •

• 「総画《そうかく》さくいん」で引《ひ》く。

• 「音訓《おんくん》さくいん」で引《ひ》く。

• 「部首《ぶしゅ》さくいん」で引《ひ》く。

(2) 次《つぎ》の漢字《かんじ》を「部首《ぶしゅ》さくいん」で調《しら》べます。それぞれの部首《ぶしゅ》と部首《ぶしゅ》の画数《かくすう》、部首名《ぶしゅめい》を書《か》きましょう。

① 国　囗　（くにがまえ）　〔三〕画《かく》

② 作　亻　（にんべん）　〔二〕画《かく》

③ 池　氵　（さんずい）　〔三〕画《かく》

④ 茶　艹　（くさかんむり）　〔三〕画《かく》

⑤ 語　言　（ごんべん）　〔七〕画《かく》

⑥ 宮　宀　（うかんむり）　〔三〕画《かく》

⑦ 庭　广　（まだれ）　〔三〕画《かく》

⑧ 開　門　（もんがまえ）　〔八〕画《かく》

漢字辞典《かんじじてん》の使《つか》い方《かた》 (2)

名前

● 次《つぎ》の漢字《かんじ》を「部首《ぶしゅ》さくいん」で調《しら》べます。〈例《れい》〉のように□から選《えら》んで部首《ぶしゅ》を□に、部首名《ぶしゅめい》を（　）に書《か》きましょう。また、漢字《かんじ》の部首《ぶしゅ》の画数《かくすう》を〔　〕に書《か》きましょう。

〈例《れい》〉思　心　部首名《ぶしゅめい》（こころ）　〔四〕画《かく》

① 国　□（　　）〔　〕画《かく》

② 作　□（　　）〔　〕画《かく》

③ 池　□（　　）〔　〕画《かく》

④ 茶　□（　　）〔　〕画《かく》

⑤ 語　□（　　）〔　〕画《かく》

⑥ 宮　□（　　）〔　〕画《かく》

⑦ 庭　□（　　）〔　〕画《かく》

⑧ 開　□（　　）〔　〕画《かく》

⑨ 雪　□（　　）〔　〕画《かく》

- 口（くにがまえ）
- 宀（うかんむり）
- 心（こころ）
- 广（まだれ）
- 氵（さんずい）
- 門（もんがまえ）
- 雨（あめかんむり）
- 艹（くさかんむり）
- 言（ごんべん）
- 亻（にんべん）

漢字《かんじ》辞典《じてん》の使《つか》い方《かた》 (3)

名前

(1) 次《つぎ》の漢字《かんじ》を「音訓《おんくん》さくいん」で調《しら》べます。音読《おんよ》みはかたかな、訓読《くんよ》みはひらがなで、（　）に読《よ》みがなを書《か》きましょう。また、先《さき》にさくいんに出《で》てくる方《ほう》の□に、○をつけましょう。

① 音読《おんよ》みで調《しら》べる

㋐ □ 時（ジ）　○ 止（シ）

㋑ ○ 百（ヒャク）　□ 表（ヒョウ）

② 訓読《くんよ》みで調《しら》べる

㋐ □ 神（かみ）　○ 顔（かお）

㋑ □ 空（そら）　○ 外（そと）

(2) 「総画《そうかく》さくいん」で調《しら》べます。①～④の画数《かくすう》の漢字《かんじ》を□から選《えら》んで□に書《か》きましょう。

細　第　例　物　院　通　葉　植

① 八画《はっかく》　物　例

② 十画《じっかく》　院　通

③ 十一画《じゅういっかく》　第　細

④ 十二画《じゅうにかく》　葉　植

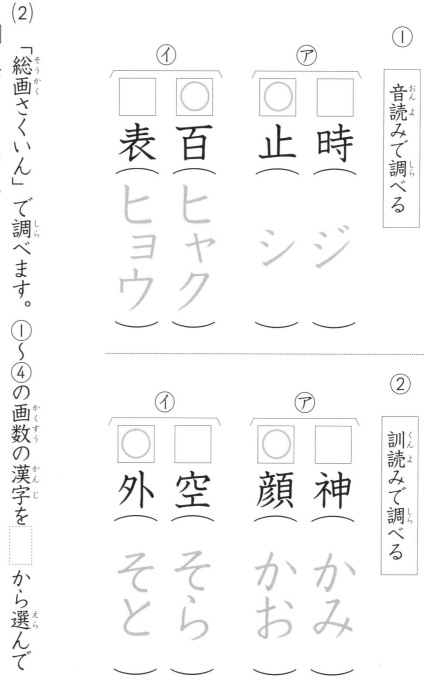

漢字《かんじ》辞典《じてん》の使《つか》い方《かた》（4）

名前

（1）次《つぎ》の漢字《かんじ》を「音訓《おんくん》さくいん」で調《しら》べます。音読《おんよ》みはかたかな、訓読《くんよ》みはひらがなで、（　）に読《よ》みがなを書《か》きましょう。また、先《さき》にさくいんに出《で》てくる方《ほう》の□に、○をつけましょう。

① 音読《おんよ》みで調《しら》べる

㋐ □時（ジ）　□止（　）

㋑ □百（　）　□表（　）

② 訓読《くんよ》みで調《しら》べる

㋐ □神（かみ）　□顔（　）

㋑ □空（　）　□外（　）

（2）「総画《そうかく》さくいん」で調《しら》べます。①～④の画数《かくすう》の漢字《かんじ》を[ ]から選《えら》んで□に書《か》きましょう。

細　第　例　物　院　通　植　葉

① 八画《はっかく》　物　□

② 十画《じっかく》　□　□

③ 十一画《じゅういっかく》　□　□

④ 十二画《じゅうにかく》　□　□

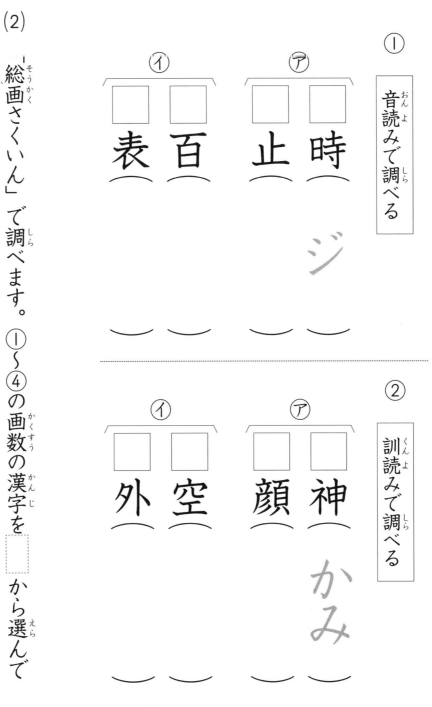

都《と》道《どう》府《ふ》県《けん》のローマ字《じ》・読《よ》み方《かた》 (1)

名前

● 次《つぎ》の都《と》道《どう》府《ふ》県《けん》名《めい》のローマ字《じ》をなぞって、（　）にひらがなで書《か》きましょう。

北海道《ほっかいどう》・東北《とうほく》地《ち》方《ほう》

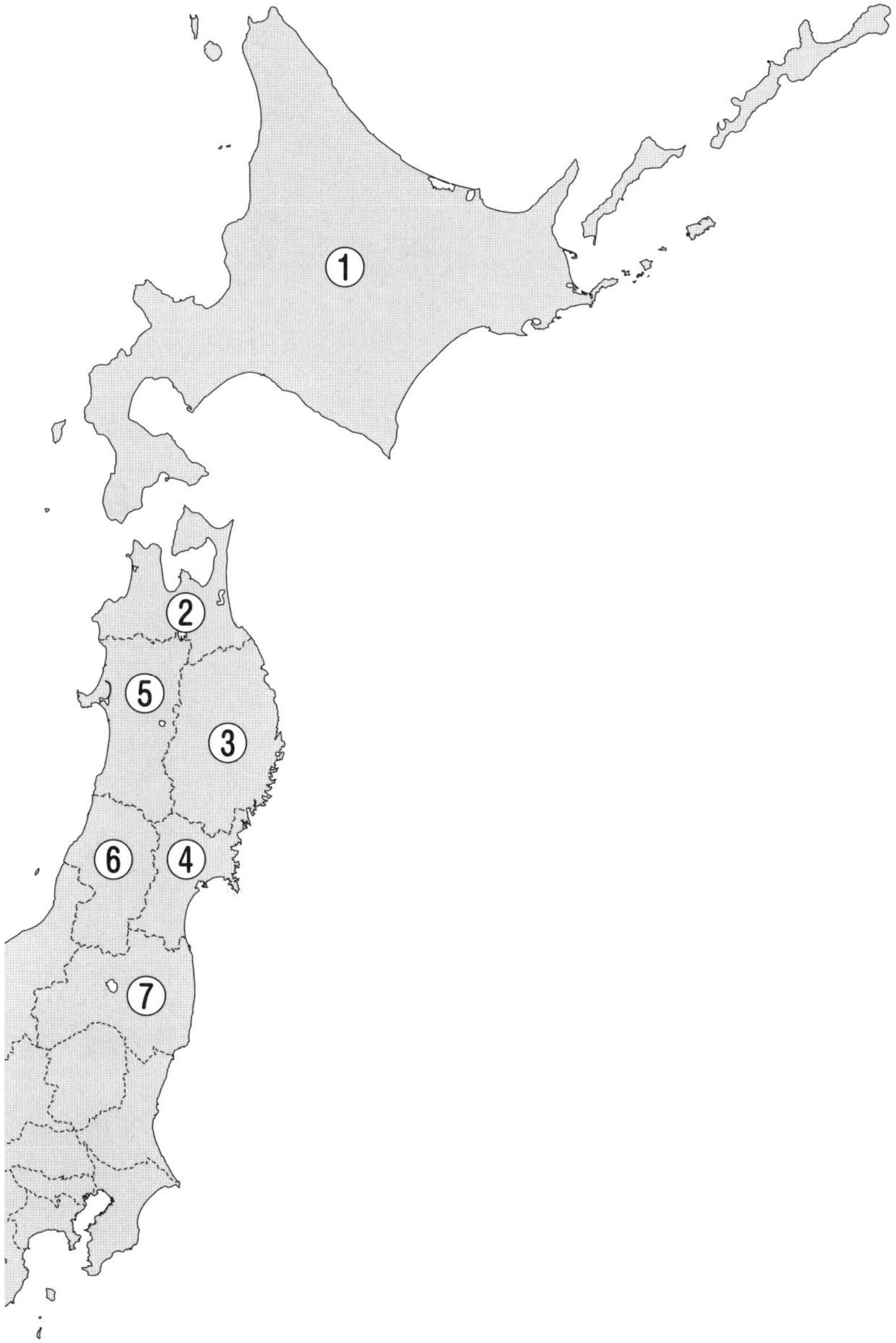

① 北海道《ほっかいどう》
Hokkaidô
(　　　　　　)

② 青森県《あおもりけん》
Aomori-ken
(　　　　　　)

③ 岩手県《いわてけん》
Iwate-ken
(　　　　　　)

④ 宮城県《みやぎけん》
Miyagi-ken
(　　　　　　)

⑤ 秋田県《あきたけん》
Akita-ken
(　　　　　　)

⑥ 山形県《やまがたけん》
Yamagata-ken
(　　　　　　)

⑦ 福島県《ふくしまけん》
Hukusima-ken
(　　　　　　)

都《と》道《どう》府《ふ》県《けん》のローマ字《じ》・読《よ》み方《かた》 (2)

名前

● 次《つぎ》の都《と》道《どう》府《ふ》県《けん》名《めい》のローマ字《じ》をなぞって、（　）にひらがなで書《か》きましょう。

関《かん》東《とう》地《ち》方《ほう》

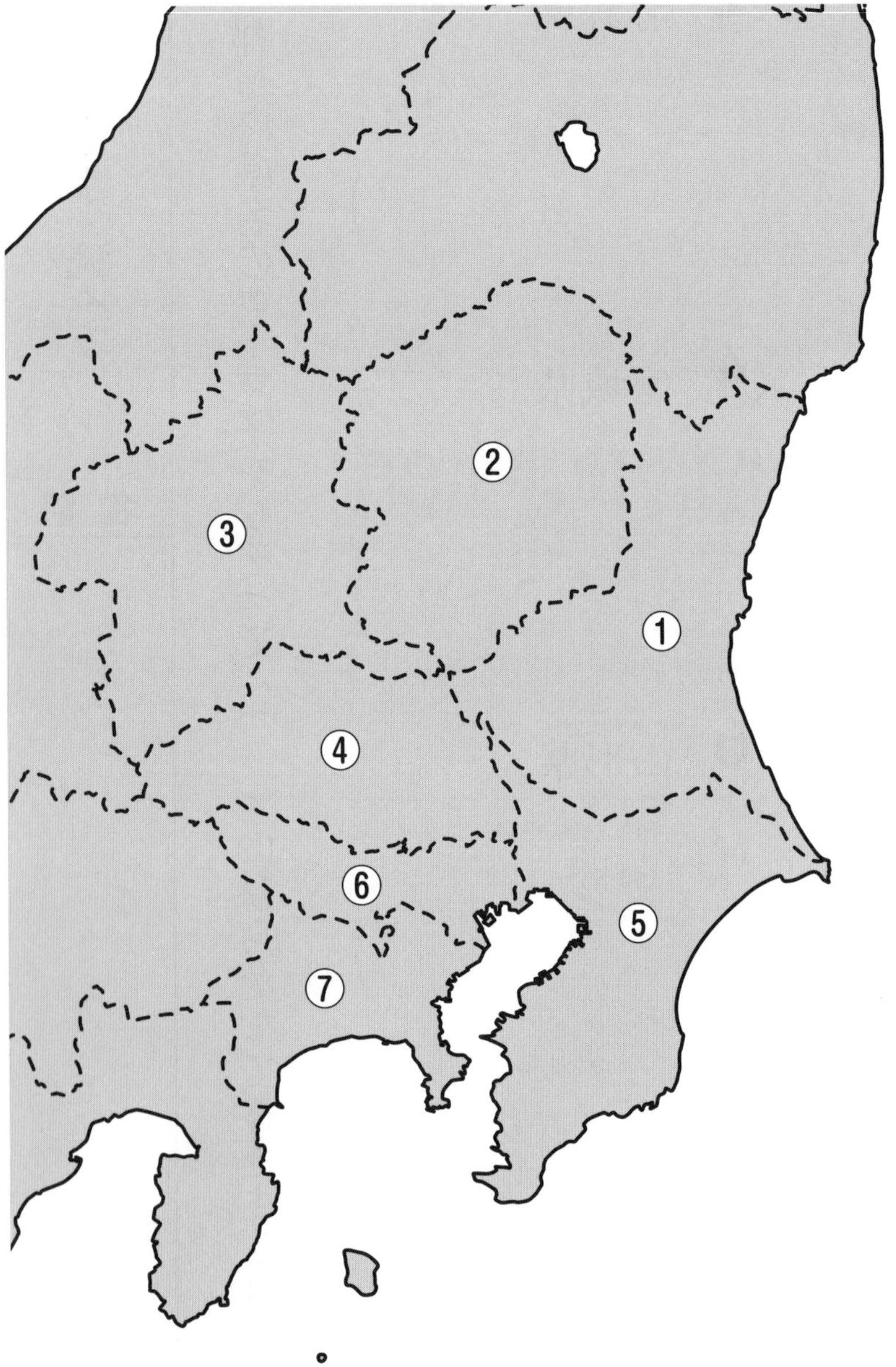

① 茨《いばら》城《き》県《けん》

Ibaraki-ken

（　　　　　　）

② 栃《とち》木《ぎ》県《けん》

Totigi-ken

（　　　　　　）

③ 群《ぐん》馬《ま》県《けん》

Gunma-ken

（　　　　　　）

④ 埼《さい》玉《たま》県《けん》

Saitama-ken

（　　　　　　）

⑤ 千《ち》葉《ば》県《けん》

Tiba-ken

（　　　　　　）

⑥ 東《とう》京《きょう》都《と》

Tôkyô-to

（　　　　　　）

⑦ 神《か》奈《な》川《がわ》県《けん》

Kanagawa-ken

（　　　　　　）

都《と》道《どう》府《ふ》県《けん》のローマ字《じ》・読《よ》み方《かた》 (3)

名前

● 次《つぎ》の都道府県名《とどうふけんめい》のローマ字《じ》をなぞって、（　）にひらがなで書《か》きましょう。

中部地方《ちゅうぶちほう》

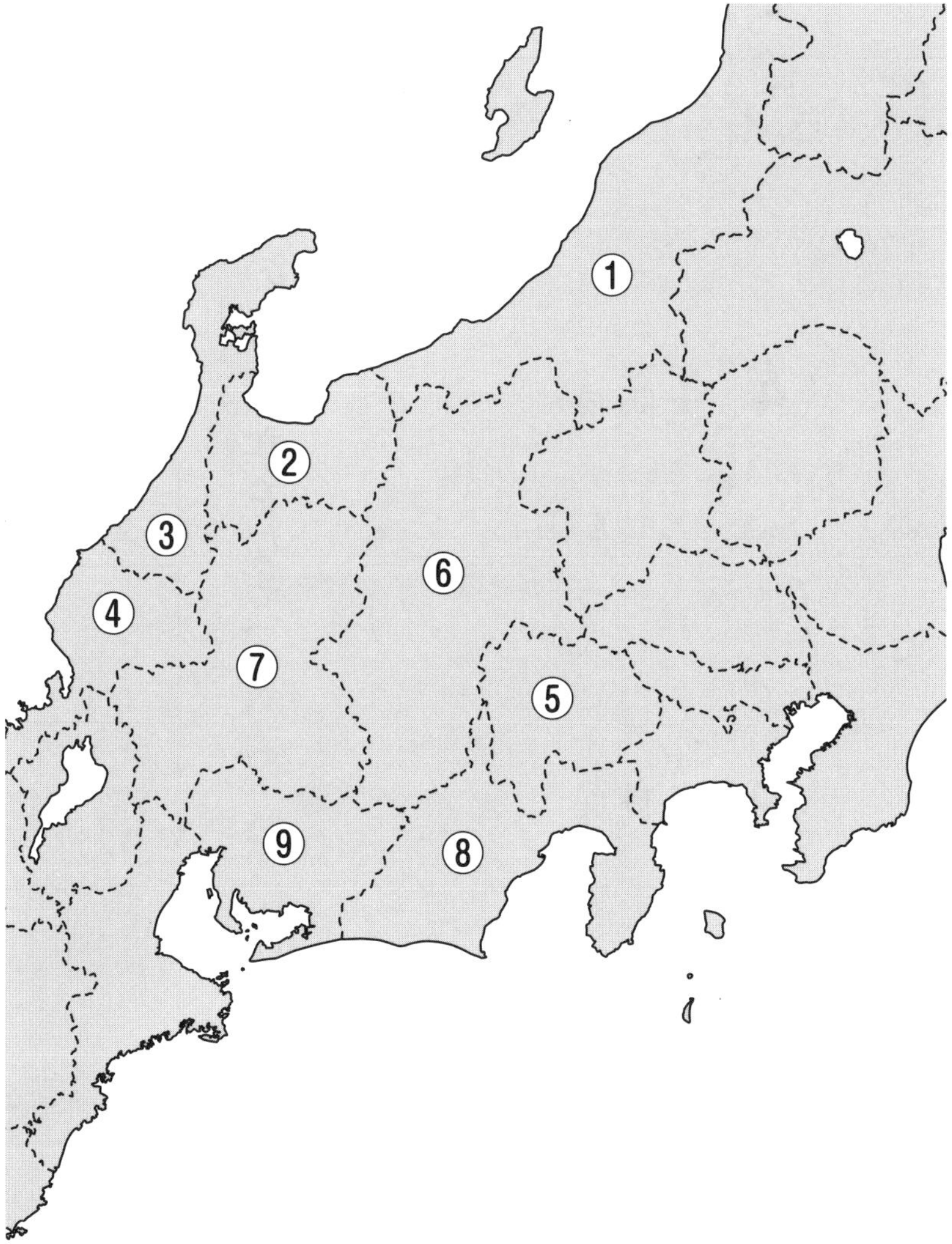

① 新潟県《にいがたけん》

Nîgata-ken

（　　　　　　）

② 富山県《とやまけん》

Toyama-ken

（　　　　　　）

③ 石川県《いしかわけん》

Isikawa-ken

（　　　　　　）

④ 福井県《ふくいけん》

Hukui-ken

（　　　　　　）

⑤ 山梨県《やまなしけん》

Yamanasi-ken

（　　　　　　）

⑥ 長野県《ながのけん》

Nagano-ken

（　　　　　　）

⑦ 岐阜県《ぎふけん》

Gihu-ken

（　　　　　　）

⑧ 静岡県《しずおかけん》

Sizuoka-ken

（　　　　　　）

⑨ 愛知県《あいちけん》

Aiti-ken

（　　　　　　）

都道府県《とどうふけん》のローマ字《じ》・読《よ》み方《かた》（4）

名前

次《つぎ》の都道府県名《とどうふけんめい》のローマ字《じ》をなぞって、（　）にひらがなで書《か》きましょう。

近畿地方《きんきちほう》

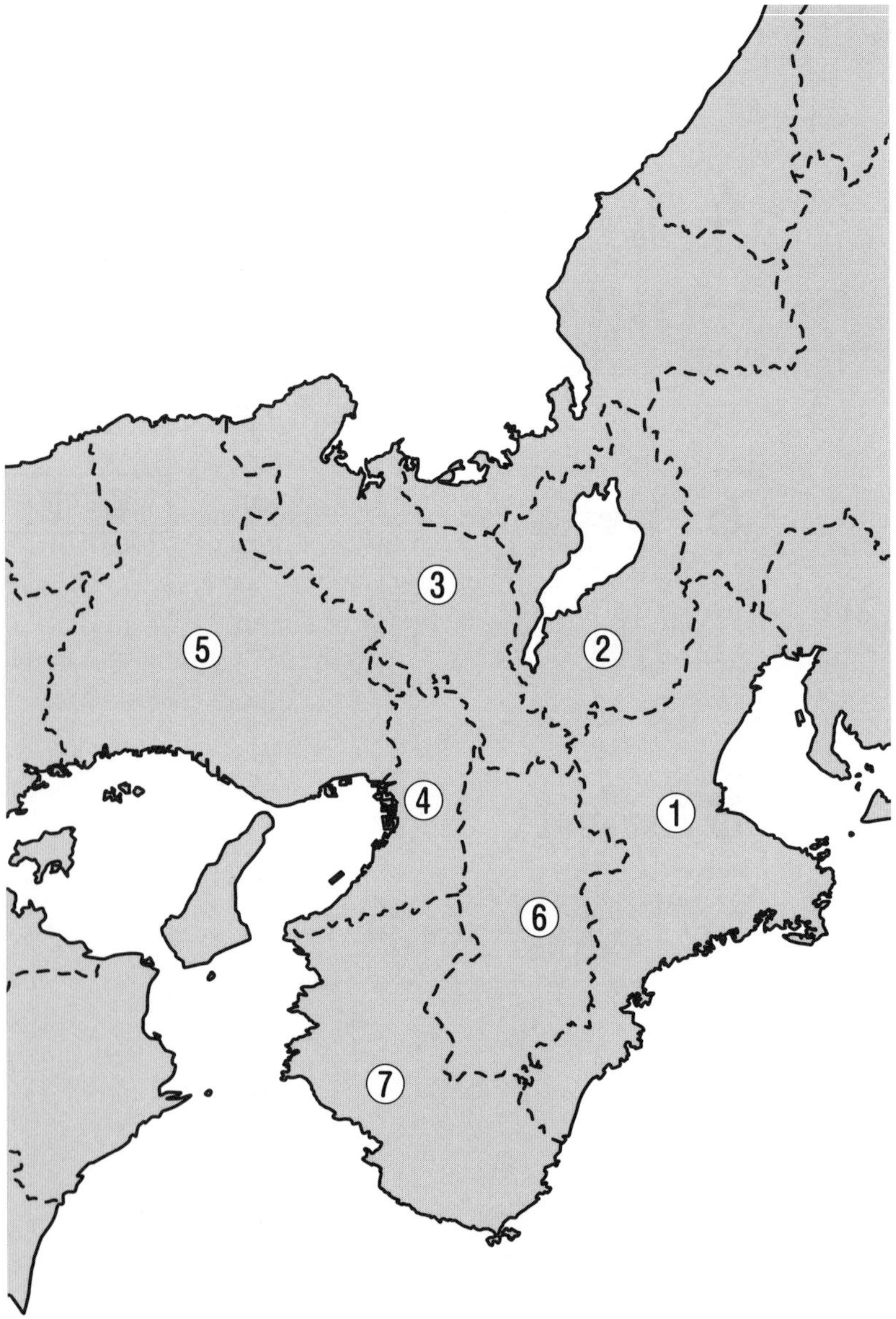

① 三重県《みえけん》

Mie-ken

（　　　　　　）

② 滋賀県《しがけん》

Siga-ken

（　　　　　　）

③ 京都府《きょうとふ》

Kyôto-hu

（　　　　　　）

④ 大阪府《おおさかふ》

Ôsaka-hu

（　　　　　　）

⑤ 兵庫県《ひょうごけん》

Hyôgo-ken

（　　　　　　）

⑥ 奈良県《ならけん》

Nara-ken

（　　　　　　）

⑦ 和歌山県《わかやまけん》

Wakayama-ken

（　　　　　　）

都《と》道《どう》府《ふ》県《けん》のローマ字《じ》・読《よ》み方《かた》 (5)

名前

次《つぎ》の都《と》道《どう》府《ふ》県《けん》名《めい》のローマ字《じ》をなぞって、（　）にひらがなで書《か》きましょう。

中国《ちゅうごく》・四国《しこく》地方《ちほう》

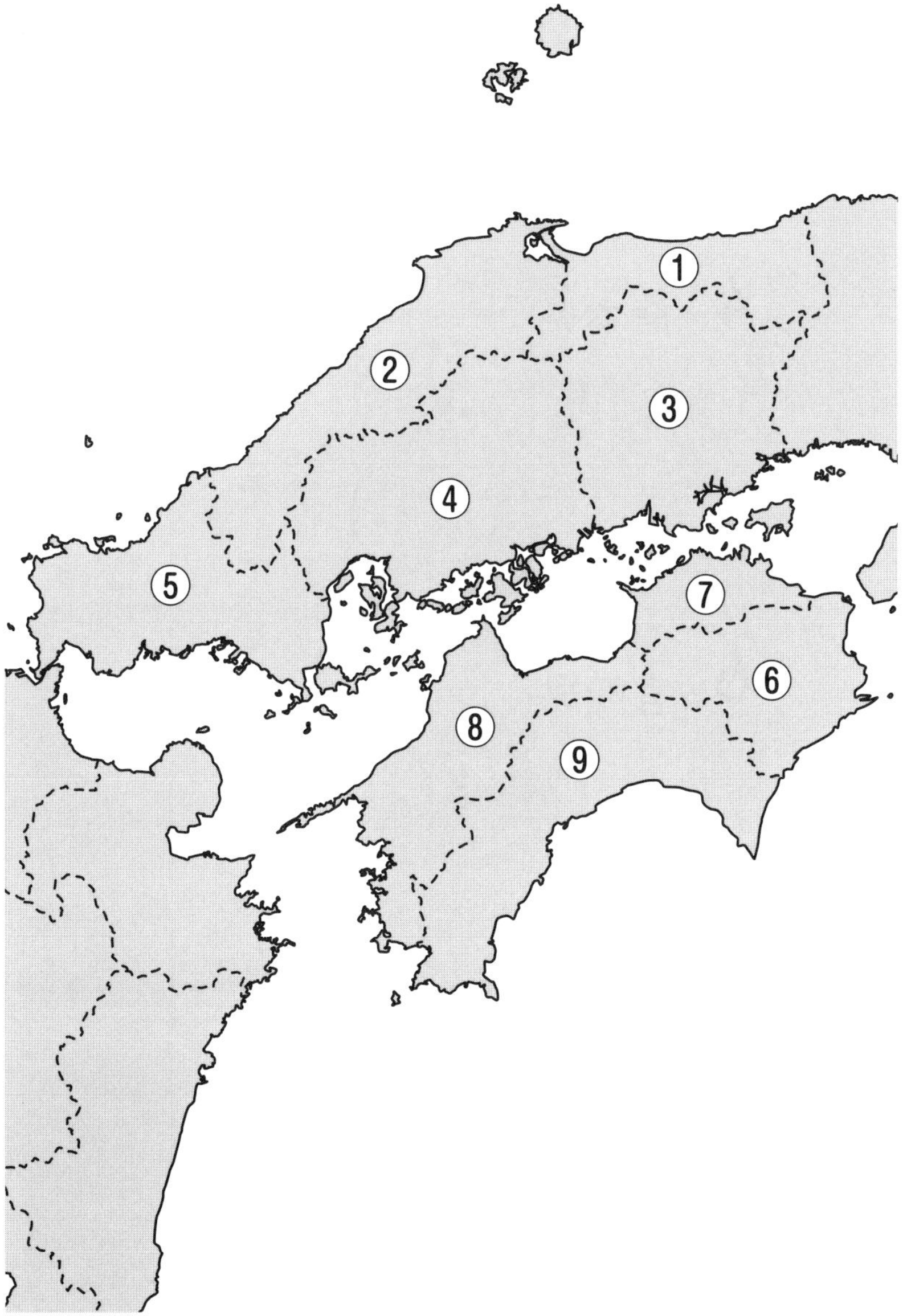

1 鳥取県《とっとりけん》
Tottori-ken
(　　　　)

2 島根県《しまねけん》
Simane-ken
(　　　　)

3 岡山県《おかやまけん》
Okayama-ken
(　　　　)

4 広島県《ひろしまけん》
Hirosima-ken
(　　　　)

5 山口県《やまぐちけん》
Yamaguti-ken
(　　　　)

6 徳島県《とくしまけん》
Tokusima-ken
(　　　　)

7 香川県《かがわけん》
Kagawa-ken
(　　　　)

8 愛媛県《えひめけん》
Ehime-ken
(　　　　)

9 高知県《こうちけん》
Kôti-ken
(　　　　)

都道府県《とどうふけん》のローマ字《じ》・読《よ》み方《かた》

(6)

名前

● 次《つぎ》の都道府県名《とどうふけんめい》のローマ字《じ》をなぞって、（　）にひらがなで書《か》きましょう。

① 福岡県《ふくおかけん》

Hukuoka-ken

(　　　　　　)

② 佐賀県《さがけん》

Saga-ken

(　　　　　　)

③ 長崎県《ながさきけん》

Nagasaki-ken

(　　　　　　)

④ 熊本県《くまもとけん》

Kumamoto-ken

(　　　　　　)

⑤ 大分県《おおいたけん》

Ôita-ken

(　　　　　　)

⑥ 宮崎県《みやざきけん》

Miyazaki-ken

(　　　　　　)

⑦ 鹿児島県《かごしまけん》

Kagosima-ken

(　　　　　　)

⑧ 沖縄県《おきなわけん》

Okinawa-ken

(　　　　　　)

九州《きゅうしゅう》・沖縄地方《おきなわちほう》

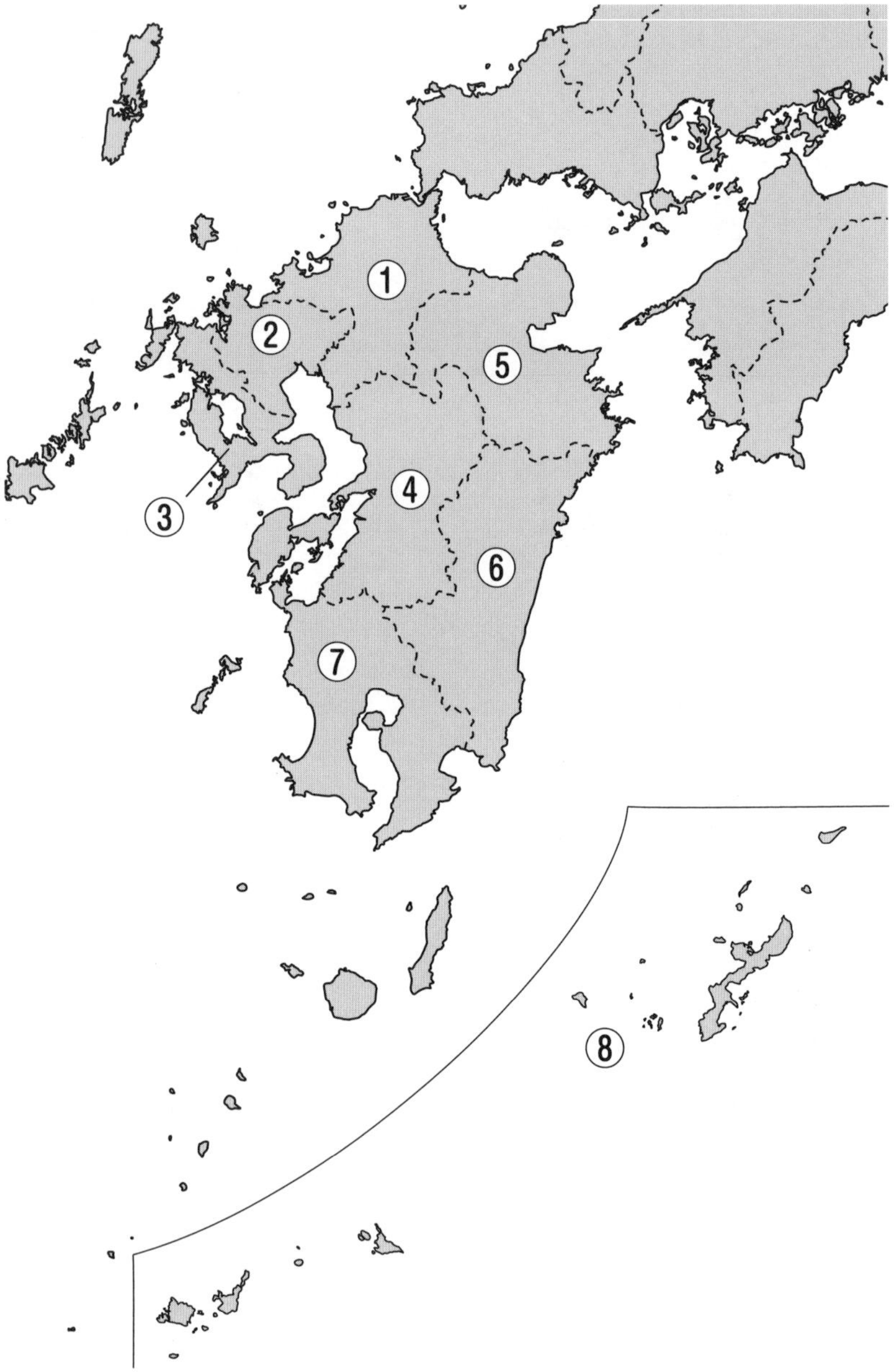

都道府県《とどうふけん》の漢字《かんじ》 (1)

名前

● 次《つぎ》の都道府県名《とどうふけんめい》の漢字《かんじ》と読《よ》みがな書《か》きましょう。

北海道《ほっかいどう》・東北地方《とうほくちほう》

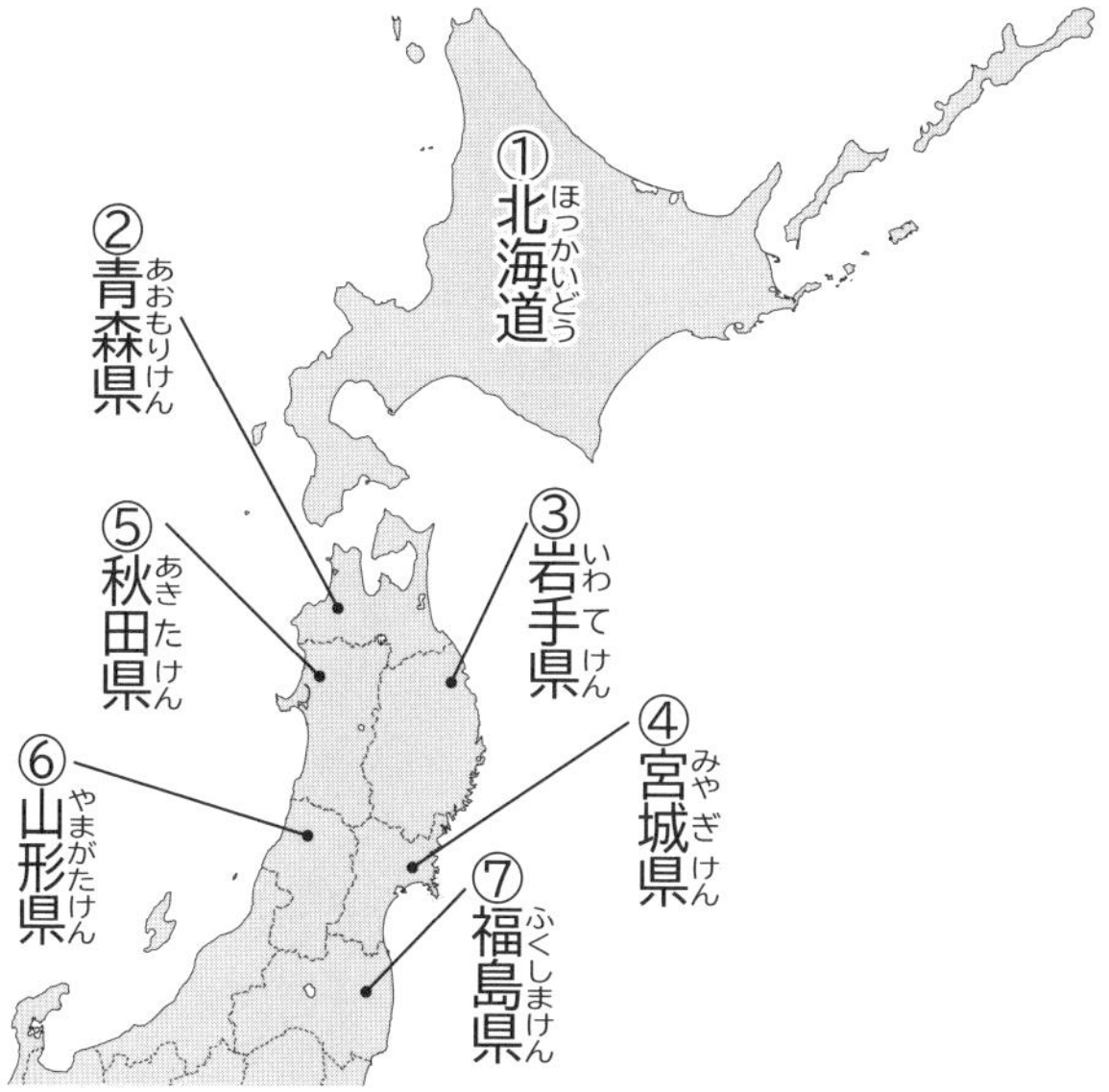

① 北海道（ほっかいどう）

② 青森県《けん》（あおもり）

③ 岩手県《けん》（いわて）

④ 宮城県《けん》（みやぎ）

⑤ 秋田県《けん》（あきた）

⑥ 山形県《けん》（やまがた）

⑦ 福島県《けん》（ふくしま）

関東地方《かんとうちほう》

① 茨城県《けん》（いばらき）

② 栃木県《けん》（とちぎ）

③ 群馬県《けん》（ぐんま）

④ 埼玉県《けん》（さいたま）

⑤ 千葉県《けん》（ちば）

⑥ 東京都《と》（とうきょう）

⑦ 神奈川県《けん》（かながわ）

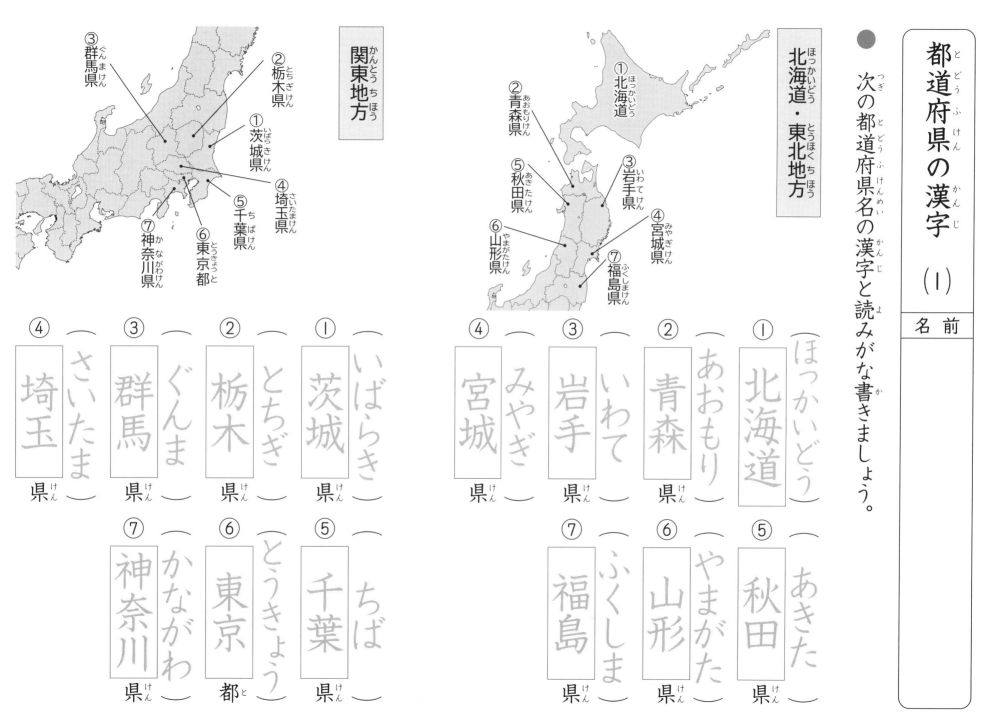

都《と》道《どう》府《ふ》県《けん》の漢《かん》字《じ》 (2)

名前

次《つぎ》の都《と》道《どう》府《ふ》県《けん》名《めい》の漢《かん》字《じ》を□に、読《よ》みがなを（　）に書《か》きましょう。

北《ほっ》海《かい》道《どう》・東《とう》北《ほく》地《ち》方《ほう》

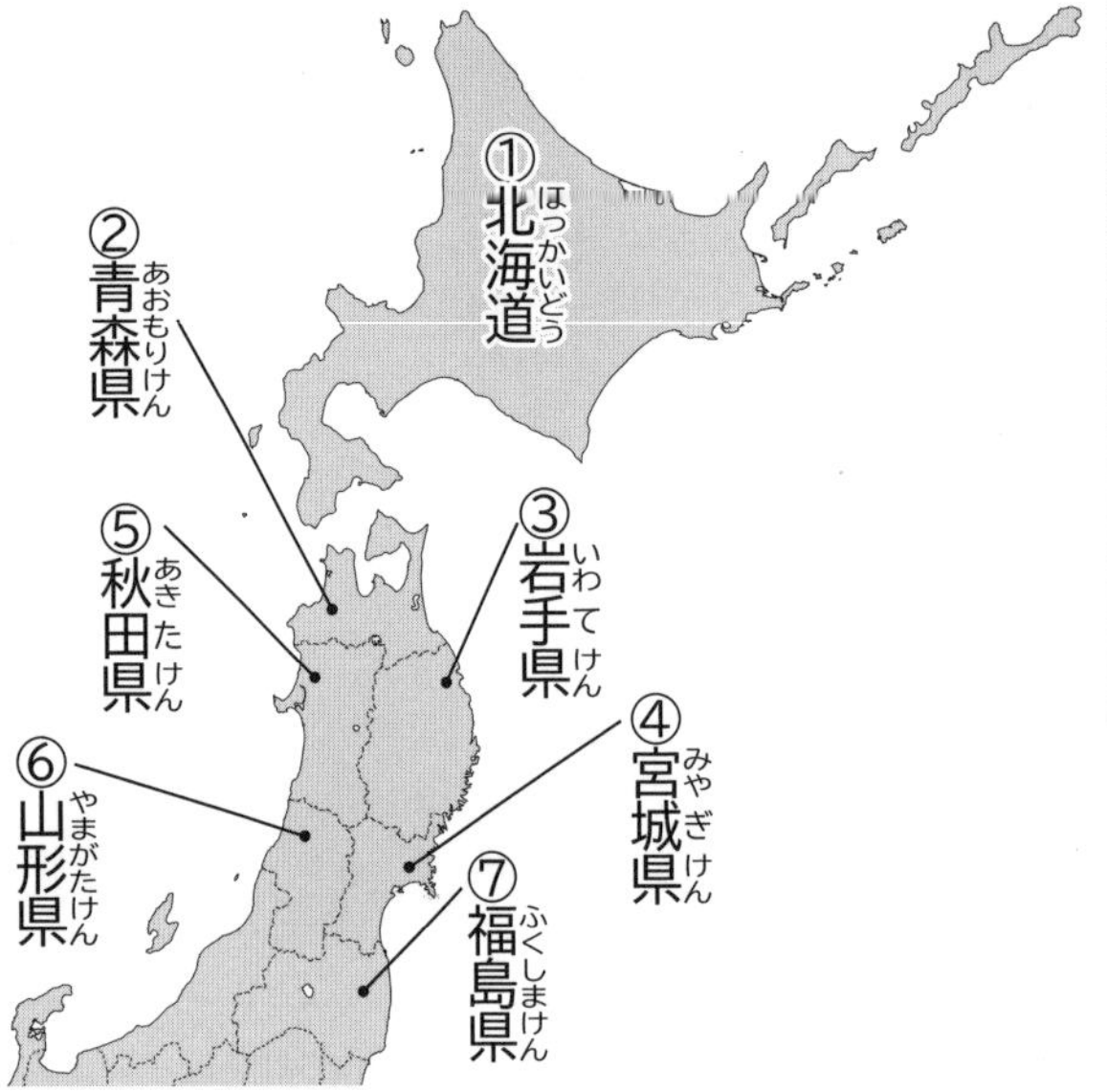

①（　　）□（　　）

②（　　）□県《けん》（　　）

③（　　）□県《けん》（　　）

④（　　）□県《けん》（　　）

⑤（　　）□県《けん》（　　）

⑥（　　）□県《けん》（　　）

⑦（　　）□県《けん》（　　）

関《かん》東《とう》地《ち》方《ほう》

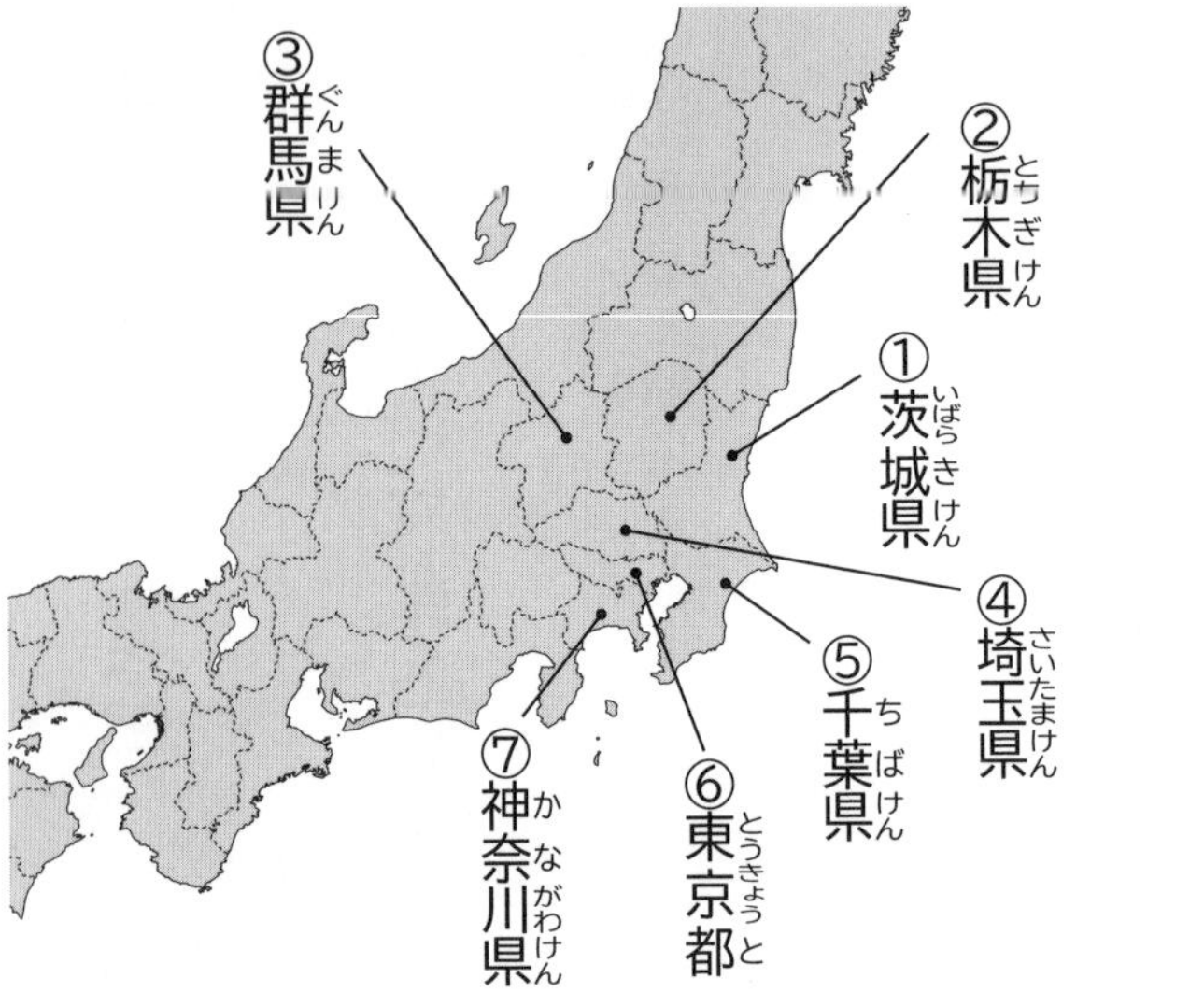

①（　　）□県《けん》（　　）

②（　　）□県《けん》（　　）

③（　　）□県《けん》（　　）

④（　　）□県《けん》（　　）

⑤（　　）□県《けん》（　　）

⑥（　　）□都《と》（　　）

⑦（　　）□県《けん》（　　）

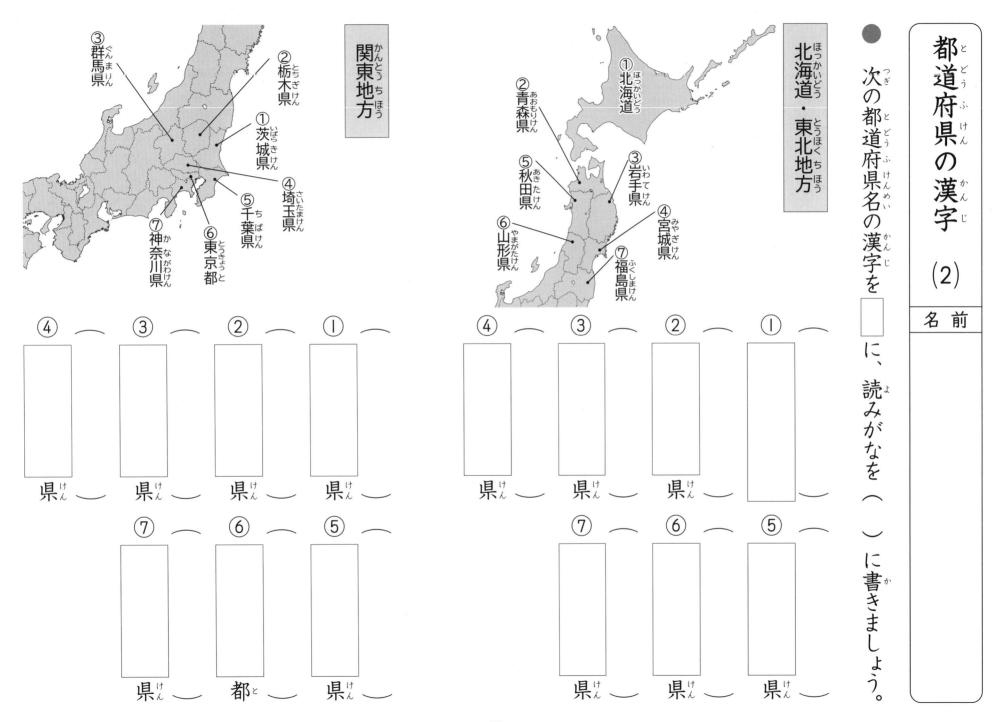

都《と》道《どう》府《ふ》県《けん》の漢《かん》字《じ》 (3)

名前

次《つぎ》の都《と》道《どう》府《ふ》県《けん》名《めい》の漢《かん》字《じ》と読《よ》みがな書《か》きましょう。

中部《ちゅうぶ》地方《ちほう》

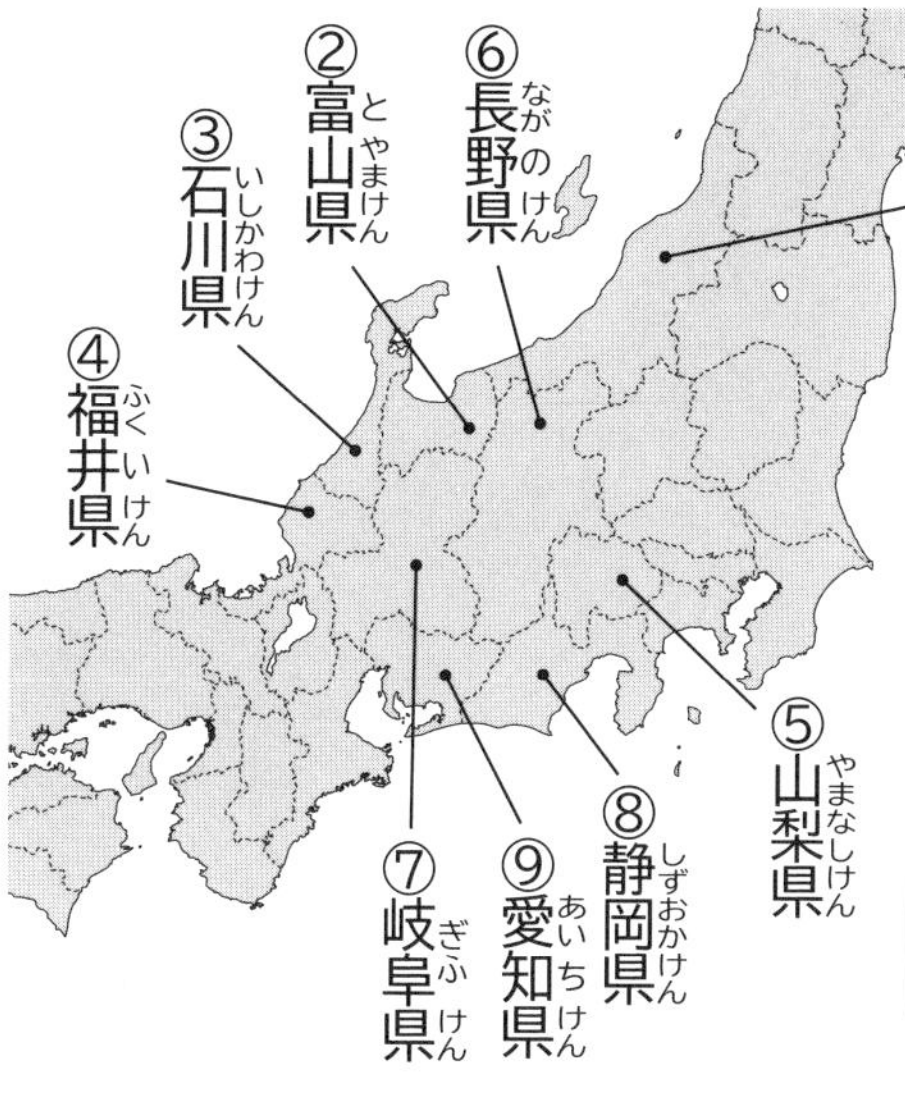

① （にいがた） 新潟 県《けん》

② （とやま） 富山 県《けん》

③ （いしかわ） 石川 県《けん》

④ （ふくい） 福井 県《けん》

⑤ （やまなし） 山梨 県《けん》

⑥ （ながの） 長野 県《けん》

⑦ （ぎふ） 岐阜 県《けん》

⑧ （しずおか） 静岡 県《けん》

⑨ （あいち） 愛知 県《けん》

近畿《きんき》地方《ちほう》

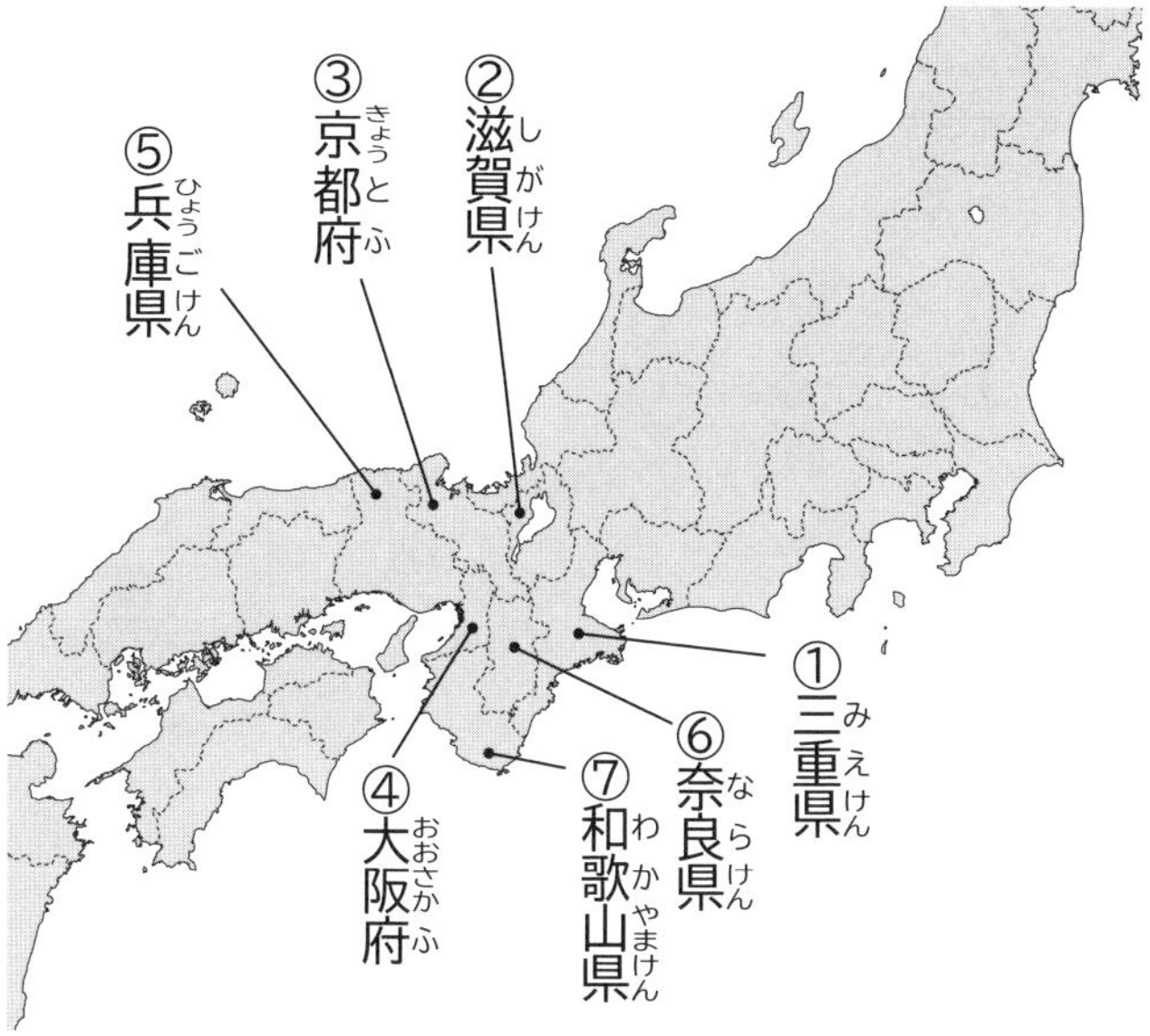

① （みえ） 三重 県《けん》

② （しが） 滋賀 県《けん》

③ （きょうと） 京都 府《ふ》

④ （おおさか） 大阪 府《ふ》

⑤ （ひょうご） 兵庫 県《けん》

⑥ （なら） 奈良 県《けん》

⑦ （わかやま） 和歌山 県《けん》

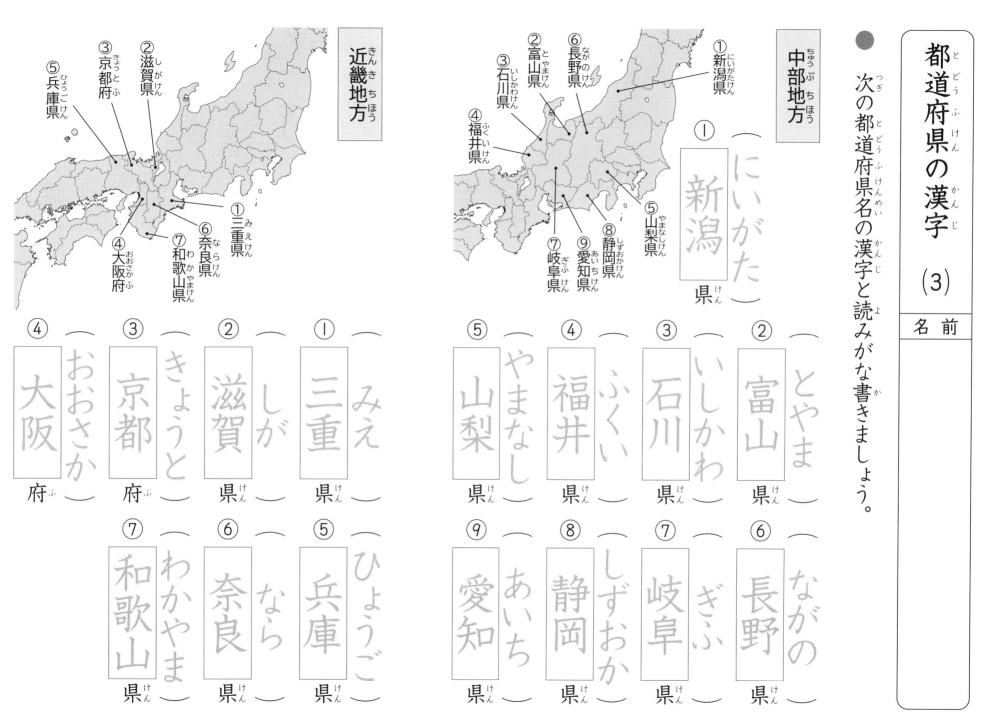

都《と》道《どう》府《ふ》県《けん》の漢《かん》字《じ》 (4)

名前

● 次《つぎ》の都《と》道《どう》府《ふ》県《けん》名《めい》の漢《かん》字《じ》を□に、読《よ》みがなを（　）に書《か》きましょう。

中部《ちゅうぶ》地方《ちほう》

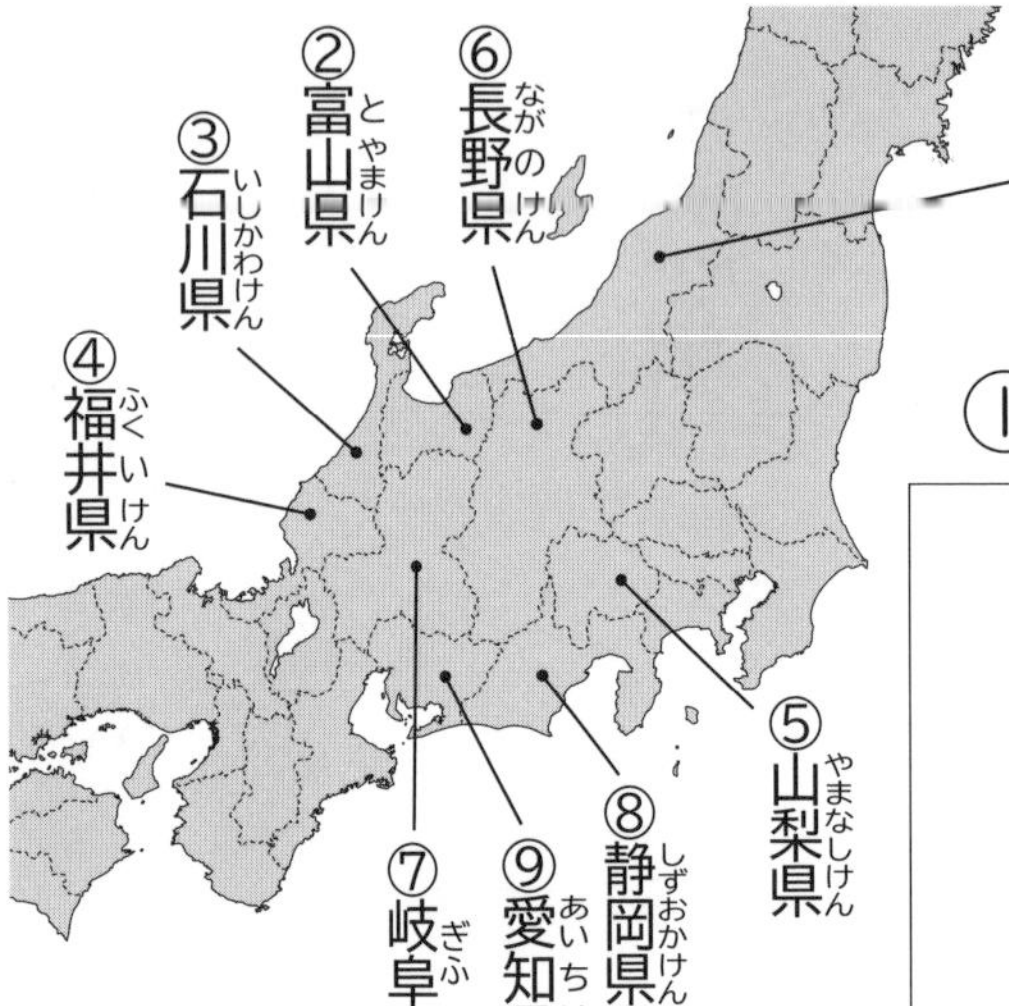

①（　）□県《けん》

②（　）□県《けん》

③（　）□県《けん》

④（　）□県《けん》

⑤（　）□県《けん》

⑥（　）□県《けん》

⑦（　）□県《けん》

⑧（　）□県《けん》

⑨（　）□県《けん》

近畿《きんき》地方《ちほう》

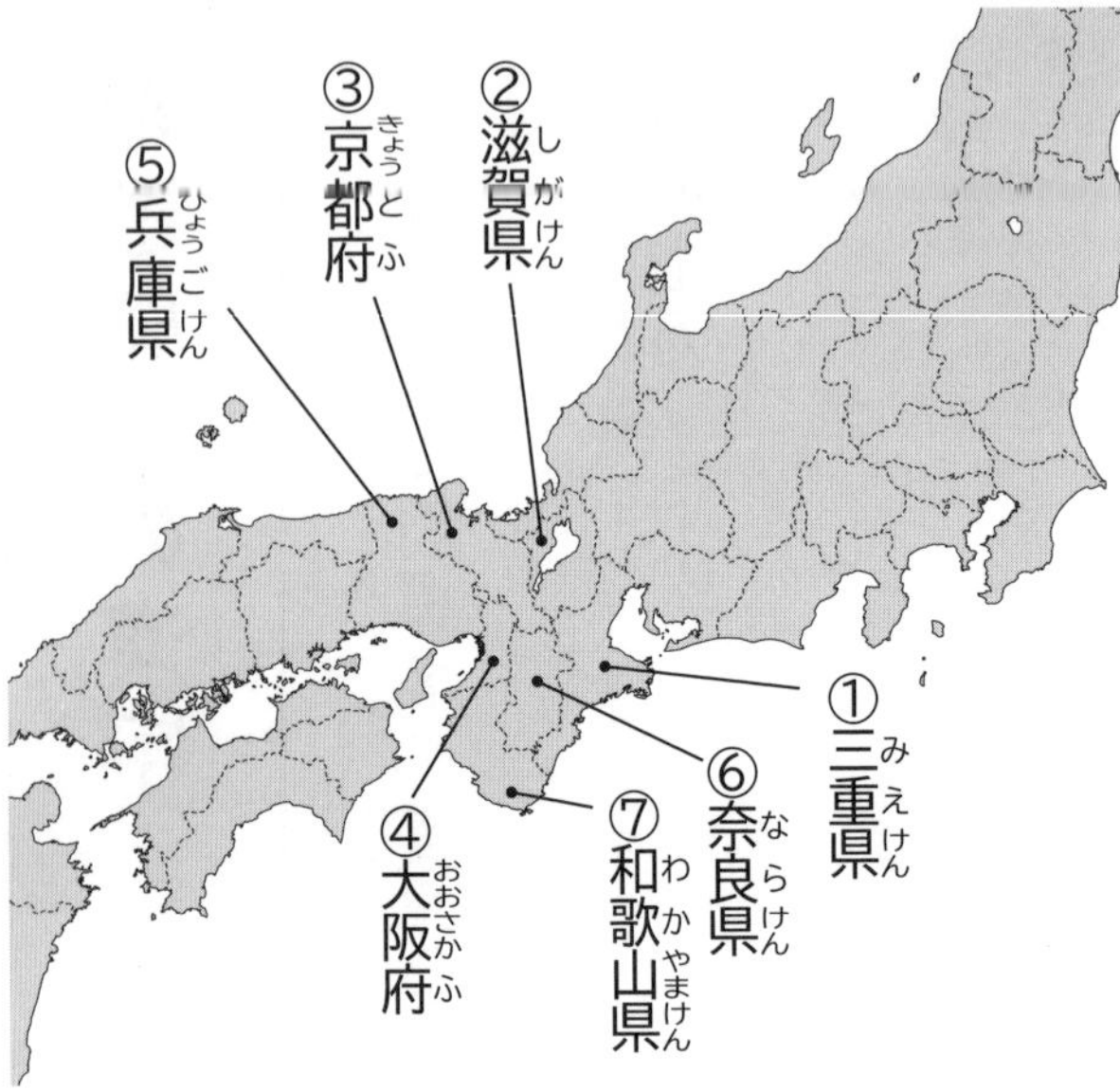

①（　）□県《けん》

②（　）□県《けん》

③（　）□府《ふ》

④（　）□府《ふ》

⑤（　）□県《けん》

⑥（　）□県《けん》

⑦（　）□県《けん》

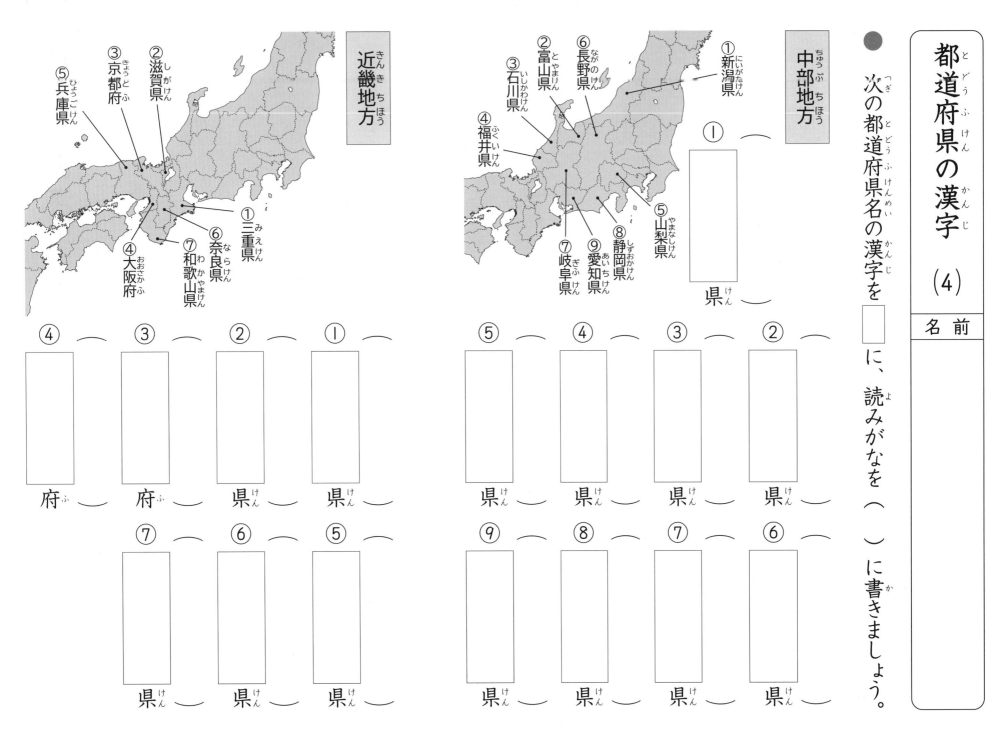

都《と》道《どう》府《ふ》県《けん》の漢《かん》字《じ》 (5)

名前

次《つぎ》の都《と》道《どう》府《ふ》県名《けんめい》の漢《かん》字《じ》と読《よ》みがな書《か》きましょう。

中国《ちゅうごく》・四国《しこく》地方《ちほう》

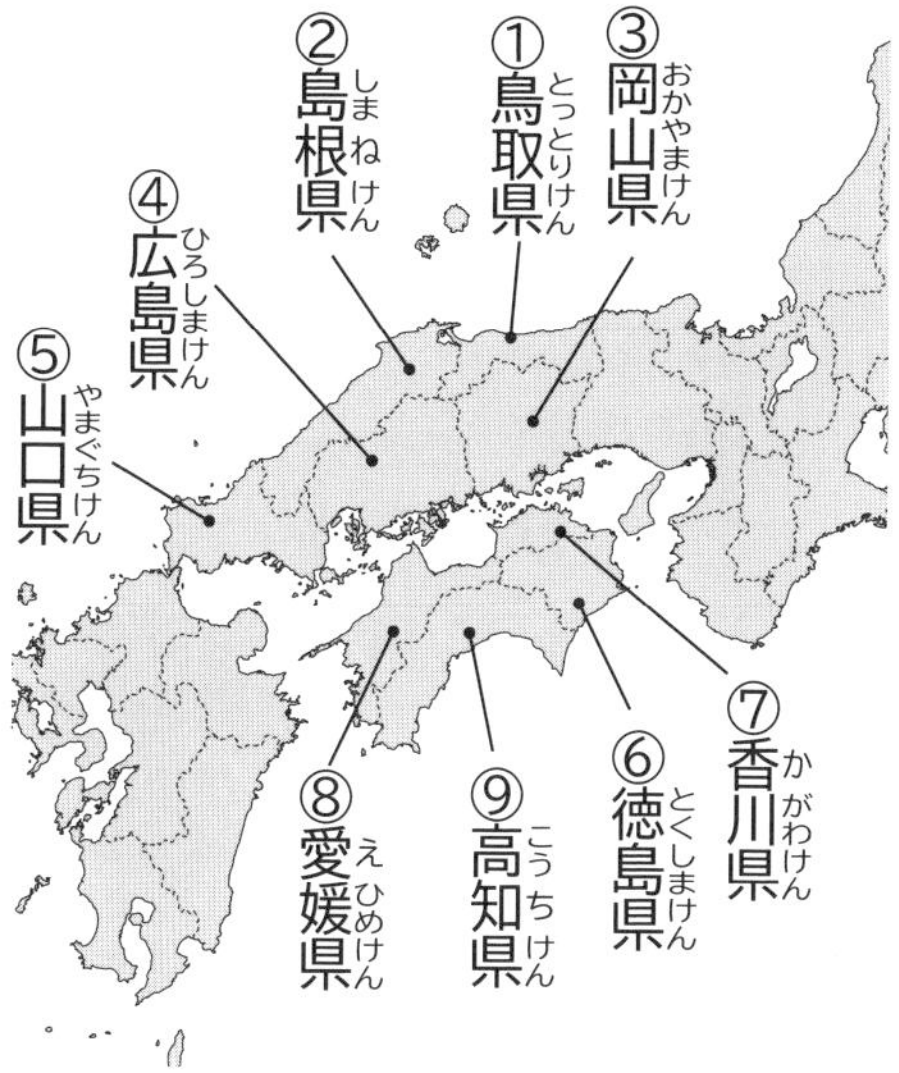

①（とっとり）鳥取 県《けん》

②（しまね）島根 県《けん》

③（おかやま）岡山 県《けん》

④（ひろしま）広島 県《けん》

⑤（やまぐち）山口 県《けん》

⑥（とくしま）徳島 県《けん》

⑦（かがわ）香川 県《けん》

⑧（えひめ）愛媛 県《けん》

⑨（こうち）高知 県《けん》

九州《きゅうしゅう》・沖縄《おきなわ》地方《ちほう》

①（ふくおか）福岡 県《けん》

②（さが）佐賀 県《けん》

③（ながさき）長崎 県《けん》

④（くまもと）熊本 県《けん》

⑤（おおいた）大分 県《けん》

⑥（みやざき）宮崎 県《けん》

⑦（かごしま）鹿児島 県《けん》

⑧（おきなわ）沖縄 県《けん》

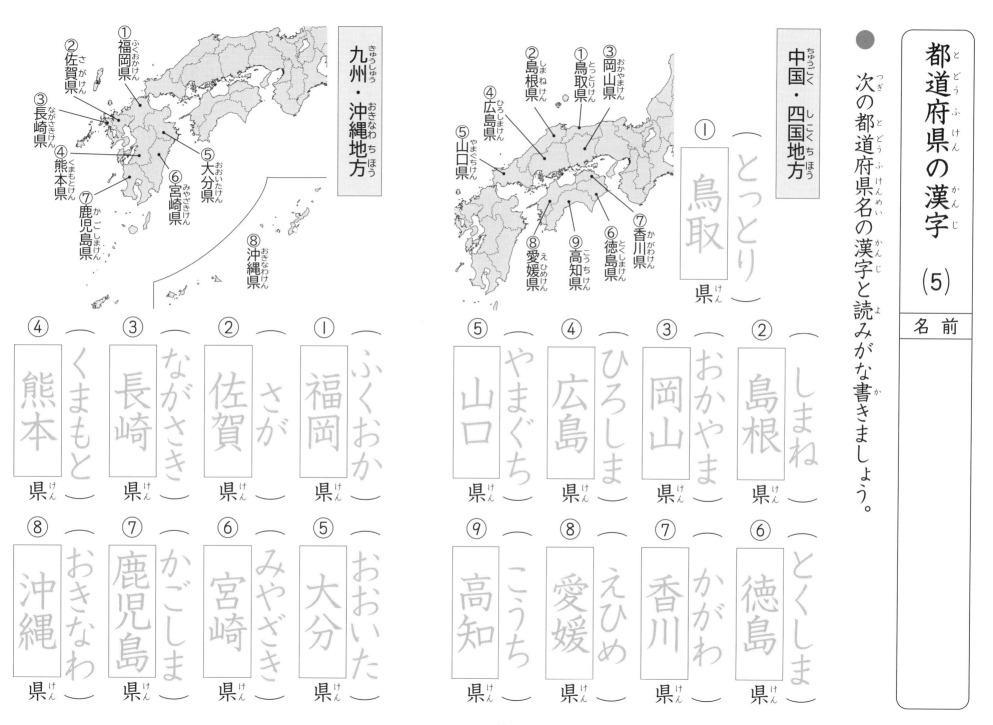

都《と》道《どう》府《ふ》県《けん》の漢《かん》字《じ》 (6)

名前

● 次《つぎ》の都《と》道《どう》府《ふ》県《けん》名《めい》の漢《かん》字《じ》を□に、読《よ》みがなを（　）に書《か》きましょう。

中《ちゅう》国《ごく》・四《し》国《こく》地《ち》方《ほう》

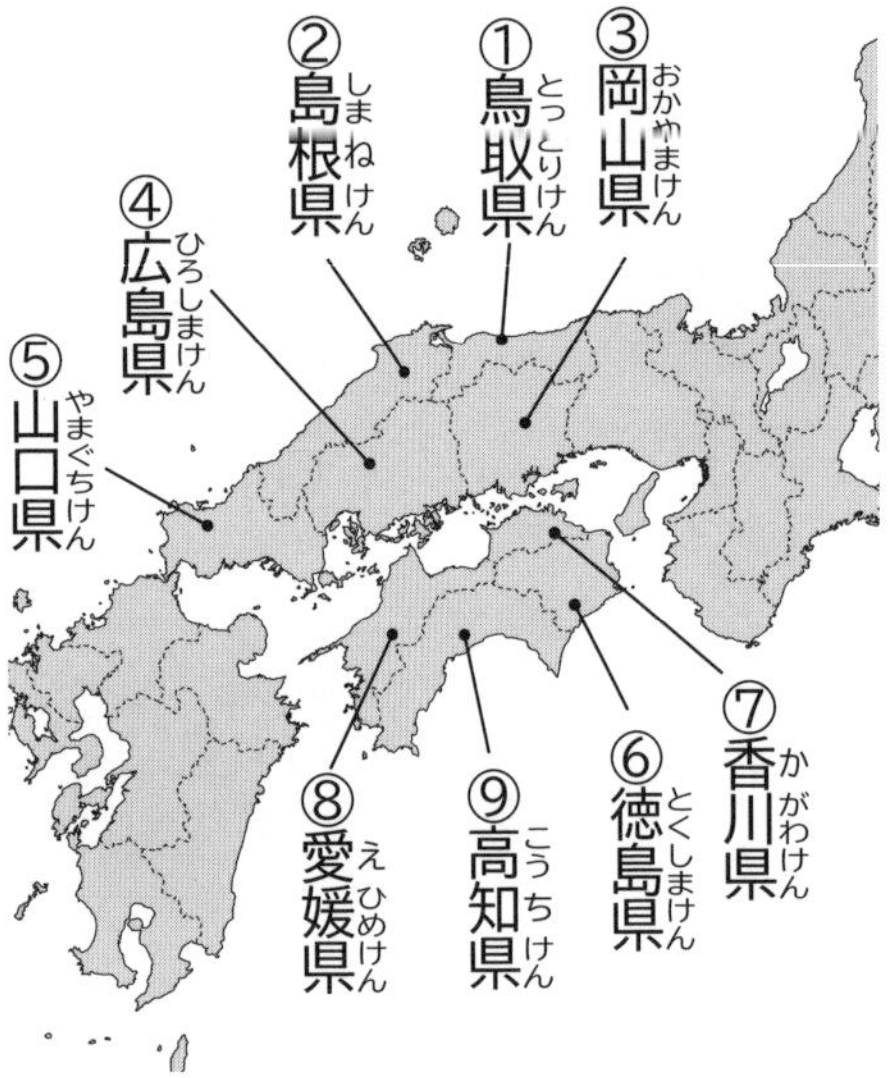

①（　　）□県《けん》（　　）

②（　　）□県《けん》（　　）

③（　　）□県《けん》（　　）

④（　　）□県《けん》（　　）

⑤（　　）□県《けん》（　　）

⑥（　　）□県《けん》（　　）

⑦（　　）□県《けん》（　　）

⑧（　　）□県《けん》（　　）

⑨（　　）□県《けん》（　　）

九州《きゅうしゅう》・沖縄《おきなわ》地《ち》方《ほう》

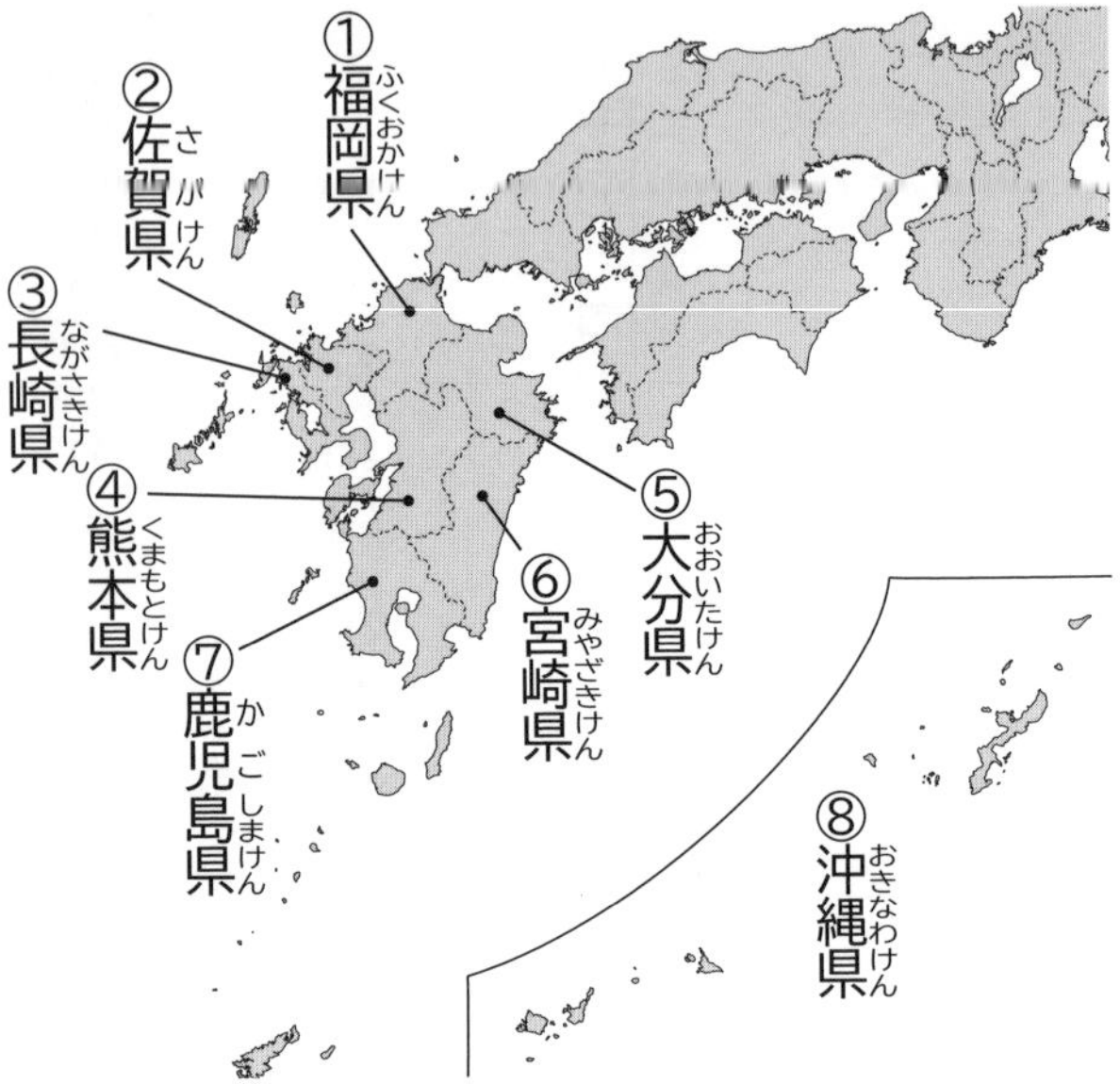

①（　　）□県《けん》（　　）

②（　　）□県《けん》（　　）

③（　　）□県《けん》（　　）

④（　　）□県《けん》（　　）

⑤（　　）□県《けん》（　　）

⑥（　　）□県《けん》（　　）

⑦（　　）□県《けん》（　　）

⑧（　　）□県《けん》（　　）

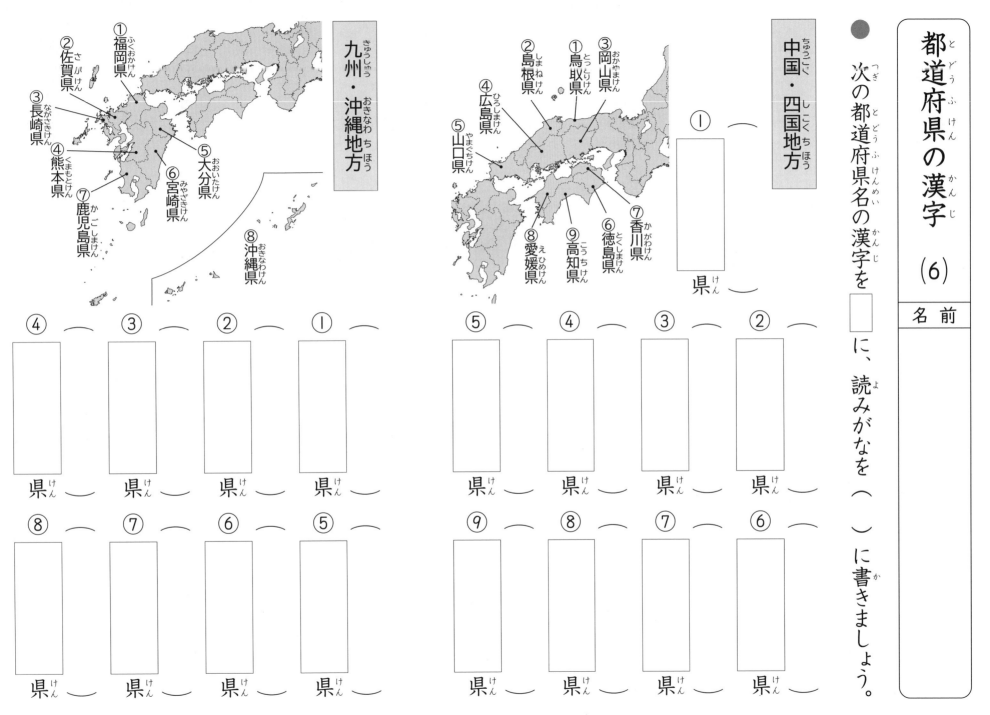

つなぎ言葉《ことば》 (1)

名前

● 次《つぎ》の文《ぶん》にあうつなぎ言葉《ことば》を選《えら》んで、◯でかこみましょう。

① わたしは、動物《どうぶつ》が好《す》きだ。{ だから / しかし } 犬《いぬ》をかっている。

② 買《か》い物《もの》に行《い》った。{ けれども / それに } ほしい物《もの》が見《み》つからなかった。

③ 夕《ゆう》はんに肉《にく》を食《た》べますか。{ ところで / それとも } 魚《さかな》を食《た》べますか。

④ 雨《あめ》がふってきた。{ つまり / それに } 風《かぜ》もふいてきた。

⑤ 雨《あめ》がふりそうだ。{ しかし / だから } かさを持《も》って行《い》かない。

⑥ 今《いま》から夕《ゆう》ごはんを食《た》べます。{ ところで / つまり } こん立《だ》ては何《なん》ですか。

つなぎ言葉《ことば》 (2)

名前

● 次《つぎ》の文《ぶん》の—線《せん》のつなぎ言葉《ことば》と同《おな》じはたらきをする言葉《ことば》を、□の中《なか》から選《えら》んで□に書きましょう。

①

㋐ のどがかわいた。
それで水《みず》を飲《の》んだ。

だから

㋑ 友《とも》だちはサッカーがとくいだ。
しかも絵《え》をかくのもうまい。

㋒ ぼうしは何色《なにいろ》にしますか。
赤《あか》にしますか。または白《しろ》にしますか。

・だから　・あるいは　・それに

②

㋐ 動物園《どうぶつえん》に行《い》った。
けれども休園日《きゅうえんび》だった。

㋑ 明日《あす》は雨《あめ》か。
あるいは晴《は》れか。

㋒ 寒《さむ》くなってきた。
だからセーターを着《き》た。

・それで　・しかし　・それとも

つなぎ言葉《ことば》 (3)

名前

● 次《つぎ》の文《ぶん》にあうつなぎ言葉《ことば》を[ ]から選《えら》んで[ ]に書きましょう。
（[ ]のつなぎ言葉《ことば》は一回《いっかい》ずつしか使《つか》えません。）

① ㋐ 今朝《けさ》は寒《さむ》い。[けれども]上着《うわぎ》を着《き》なかった。

㋑ 今朝《けさ》は寒《さむ》い。[ ]たくさん服《ふく》を着《き》て出《で》かけた。

㋒ 今朝《けさ》は寒《さむ》い。[ ]雪《ゆき》がふりそうだ。

・だから　・しかも　・けれども

② ㋐ ひなたさんは水泳《すいえい》が上手《じょうず》だ。[ ]絵《え》をかくのも上手《じょうず》だ。

㋑ ひなたさんは水泳《すいえい》が上手《じょうず》だ。[ ]走《はし》るのは苦手《にがて》だ。

㋒ ひなたさんは水泳《すいえい》が上手《じょうず》だ。[ ]水泳大会《すいえいたいかい》に出《で》ることになった。

・しかし　・それに　・そのため

つなぎ言葉《ことば》 (4)

名前

● 次《つぎ》の文《ぶん》にあうつなぎ言葉《ことば》を［　］から選《えら》んで［　］に書《か》きましょう。
（［　］のつなぎ言葉《ことば》は一回《いっかい》ずつしか使《つか》えません。）

① ㋐ バスに乗《の》ろうか。［　　　］歩《ある》いて行《い》こうか。

㋑ この人《ひと》は、わたしのお母《かあ》さんのお母《かあ》さん。［　　　］わたしのおばあさんです。

㋒ 今日《きょう》の話《はなし》は、ここまでです。［　　　］わからないところはありませんか。

・つまり　・ところで　・それとも

② ㋐ たくさん走《はし》る練習《れんしゅう》をした。［　　　］一位《いちい》になった。

㋑ 雨《あめ》がふっていた。［　　　］散歩《さんぽ》に出《で》かけた。

㋒ バナナを食《た》べた。［　　　］りんごも食《た》べた。

・そして　・だから　・けれども

つなぎ言葉《ことば》 (5)

名前

(1) 次《つぎ》の文《ぶん》は、□のどちらの気持《きも》ちを表《あらわ》していますか。記号《きごう》で答《こた》えましょう。

① 毎日練習《まいにちれんしゅう》をした。だから、二位《にい》になった。

［イ］

② 毎日練習《まいにちれんしゅう》をした。でも、二位《にい》になった。

［　］

ア 一位《いちい》になれず、ざんねんな気持《きも》ち。

イ 二位《にい》になれて、うれしい気持《きも》ち。

(2) 次《つぎ》のつなぎ言葉《ことば》を使《つか》った文《ぶん》のうち、正《ただ》しい使《つか》い方《かた》のものに○をつけましょう。

①
（　）朝《あさ》は、パンを食《た》べますか。それでごはんを食《た》べますか。
（　）朝《あさ》は、パンを食《た》べますか。それともごはんを食《た》べますか。

②
（　）その女《おんな》の人《ひと》は、父《ちち》の妹《いもうと》だ。つまり、わたしのおばだ。
（　）その女《おんな》の人《ひと》は、父《ちち》の妹《いもうと》だ。しかし、わたしのおばだ。

つなぎ言葉《ことば》 (6)

名前

(1) 次《つぎ》の㋐㋑の二《ふた》つの文《ぶん》が同《おな》じ意味《いみ》になるように、□につなぎ言葉《ことば》を□から選《えら》んで書《か》きましょう。（□のつなぎ言葉《ことば》は一回《いっかい》ずつしか使《つか》えません。）

① ㋐ けがをしたので、学校《がっこう》を休《やす》んだ。
㋑ けがをした。□学校《がっこう》を休《やす》んだ。

② ㋐ 雨《あめ》がふってきたが、かさを持《も》っていない。
㋑ 雨《あめ》がふってきた。□かさを持《も》っていない。

③ ㋐ 箱《はこ》を開《あ》けたら、鳥《とり》がとび出《だ》した。
㋑ 箱《はこ》を開《あ》けた。□鳥《とり》がとび出《だ》した。

・それで
・すると
・しかし

(2) 次《つぎ》の㋐㋑の二《ふた》つの文《ぶん》が同《おな》じ意味《いみ》になるように、□につなぎ言葉《ことば》を□から選《えら》んで書《か》きましょう。

① ㋐ 雨《あめ》がふってきた。だから家《いえ》へ帰《かえ》ろう。
㋑ 雨《あめ》がふってきた□、家《いえ》へ帰《かえ》ろう。

② ㋐ 友《とも》だちの家《いえ》へ行《い》った。しかし、るすだった。
㋑ 友《とも》だちの家《いえ》へ行《い》った□、るすだった。

③ ㋐ このボタンをおす。すると音《おと》が出《で》る。
㋑ このボタンをおす□、音《おと》が出《で》る。

・と
・ので
・が

つなぎ言葉《ことば》(7)

名前

(1) □の文《ぶん》と同《おな》じ意味《いみ》になるように、二《ふた》つのことがらをつなぐ言葉《ことば》を□から選《えら》んで、次《つぎ》の文《ぶん》を一《ひと》つの文《ぶん》にしましょう。

① 部屋《へや》が暗《くら》かった。だから、明《あ》かりをつけた。

部屋《へや》が暗《くら》かった（　　）、明《あ》かりをつけた。

② 朝《あさ》ねぼうした。でも、ちこくはしなかった。

朝《あさ》ねぼうした（　　）、ちこくはしなかった。

③ ドーナツを食《た》べた。そして、プリンも食《た》べた。

ドーナツを食《た》べた（　　）、プリンも食《た》べた。

・が　・し　・ので

(2) □の文《ぶん》と同《おな》じ意味《いみ》になるように、つなぎ言葉《ことば》を□から選《えら》んで、二《ふた》つの文《ぶん》にしましょう。

① 本《ほん》を買《か》いに行《い》ったが、ほしい本《ほん》がなかった。

本《ほん》を買《か》いに行《い》った。（　　）ほしい本《ほん》がなかった。

② あの店《みせ》のコロッケは安《やす》いし、おいしい。

あの店《みせ》のコロッケは安《やす》い。（　　）おいしい。

・しかも　・けれども

つなぎ言葉《ことば》 (8)

名前

● 次《つぎ》の二《ふた》つのことがらをつなぐ言葉《ことば》に気《き》をつけて、文《ぶん》の続《つづ》きに合《あ》う文《ぶん》に○をつけましょう。

① 徒歩《とほ》で行《い》こうか。それとも、

（　）車《くるま》で行《い》こうか。

（　）山《やま》まで行《い》こうか。

② せっかく図書館《としょかん》に行《い》ったのに、

（　）本《ほん》を読《よ》んだ。

（　）休《やす》みだった。

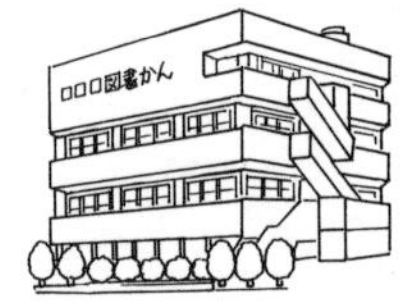

③ 学校《がっこう》を休《やす》んだ。なぜなら

（　）足《あし》をけがしたからだ。

（　）友《とも》だちに会《あ》いたい。

④ 毎日水《まいにちみず》やりをしたので、

（　）ふたばが出《で》た。

（　）ふたばが出《で》なかった。

⑤ 今日《きょう》は雨《あめ》がふった。けれども

（　）サッカーの練習《れんしゅう》をした。

（　）サッカーの練習《れんしゅう》はなかった。

いろいろな意味《いみ》をもつ言葉《ことば》　(1)

名前

(1) 言葉《ことば》遊《あそ》びの詩《し》を作《つく》ります。□から選《えら》んで、□に書《か》きましょう。

①
㋐ ガチャ　かぎをかける。
㋑ □　火《ひ》になべをかける。
㋒ □　電話《でんわ》をかける。

・ガチャ
・もしもし
・ぐつぐつ

②
㋐ □　かぜをひく。
㋑ □　ピアノをひく。
㋒ □　みこしをかつぐ。

・ポロロン
・ワッショイ
・ハクション

③
㋐ □　ノートに字《じ》をかく。
㋑ □　あせをかく。
㋒ □　すもうをとる。

・びっしょり
・さらさら
・はっけよい

いろいろな意味《いみ》をもつ言葉《ことば》　(2)

名前

● 次《つぎ》の①〜③の㋐㋑の（　）には、それぞれ、どれも同《おな》じ言葉《ことば》が入《はい》ります。（　）に入《はい》る言葉《ことば》を□から選《えら》んで、□に書《か》きましょう。

① ・とる　・のる

㋐ とる

・すもうを（　）
・百点《ひゃくてん》を（　）
・栄養《えいよう》を（　）
・写真《しゃしん》を（　）

㋑ のる

・船《ふね》に（　）
・相談《そうだん》に（　）
・台《だい》の上《うえ》に（　）
・新聞《しんぶん》に（　）

② ・でる　・はかる

㋐

・試合《しあい》に（　）
・結果《けっか》が（　）
・校門《こうもん》を（　）
・漁《りょう》に（　）

㋑

・重《おも》さを（　）
・せの高《たか》さを（　）
・時間《じかん》を（　）
・悪事《あくじ》を（　）

③ ・とまる　・とく

㋐

・問題《もんだい》を（　）
・教《おし》えを（　）
・たまごを（　）

㋑

・宿屋《やどや》に（　）
・車《くるま》が（　）
・心《こころ》に（　）

いろいろな意味《いみ》をもつ言葉《ことば》 (3)

名前

● 次《つぎ》の①〜③の㋐㋑の（　）には、それぞれ、どれも同《おな》じ言葉《ことば》が入《はい》ります。（　）に入《はい》る言葉《ことば》を[　]から選《えら》んで、[　]に書《か》きましょう。

①

・きる　・たてる

㋐ [　　　]

・スイッチを（　　）
・服《ふく》を（　　）
・スタートを（　　）

㋑ [　　　]

・家《いえ》を（　　）
・計画《けいかく》を（　　）
・足音《あしおと》を（　　）

②

・あがる　・みる

㋐ [　　　]

・めんどうを（　　）
・味《あじ》を（　　）
・けしきを（　　）

㋑ [　　　]

・台《だい》の上《うえ》に（　　）
・雨《あめ》が（　　）
・かん声《せい》が（　　）

③

・あく　・かける

㋐ [　　　]

・火《ひ》になべを（　　）
・茶《ちゃ》わんが（　　）
・声《こえ》を（　　）
・気《き》に（　　）

㋑ [　　　]

・ドアが（　　）
・店《みせ》が（　　）
・席《せき》が（　　）

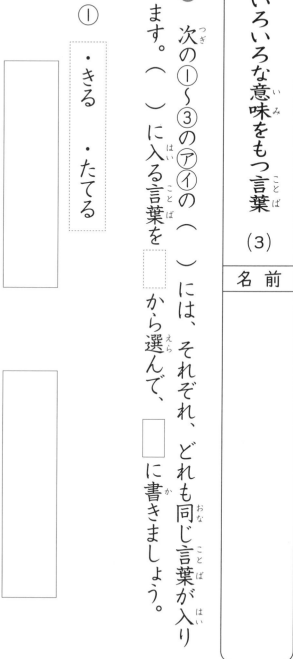

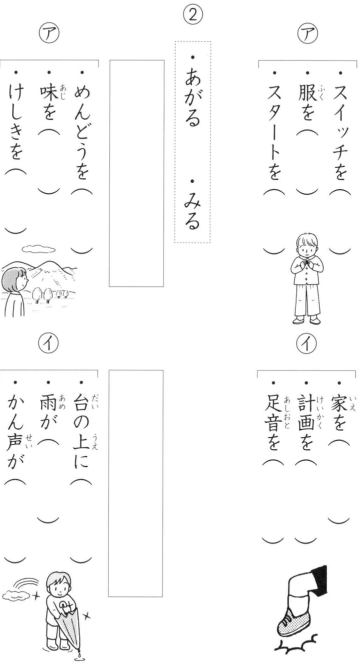

いろいろな意味《いみ》をもつ言葉《ことば》 (4)

名前

● 次《つぎ》の言葉《ことば》の使《つか》い方《かた》にあてはまるものを選《えら》んで、——線《せん》でむすびましょう。

①  あたる 

日光《にっこう》があたる。	仕事《しごと》を引《ひ》き受《う》ける。
当番《とうばん》にあたる。	光《ひかり》を受《う》ける。
柱《はしら》にあたる。	的中《てきちゅう》する。
くじにあたる。	ぶつかる。

②  かける 

時間《じかん》をかける。	ぶら下《さ》げる。
かばんをかける。	取《と》りつける。
茶《ちゃ》わんがかける。	多《おお》く使《つか》う。
橋《はし》をかける。	一部《いちぶ》がこわれる。

③  でる 

校門《こうもん》をでる。	そこから外《そと》へ行《い》く。
船《ふね》で漁《りょう》にでる。	結果《けっか》が表《あらわ》れる。
練習《れんしゅう》の成果《せいか》がでる。	魚《さかな》をとりに出《で》かける。

いろいろな意味《いみ》をもつ言葉《ことば》　(5)

名前

● 次《つぎ》の文《ぶん》の――線《せん》の言葉《ことば》の使《つか》い方《かた》が、同《おな》じ意味《いみ》になるものを一《ひと》つ選《えら》んで□に記号《きごう》で書《か》きましょう。

① 手《て》にペンキがつく。

㋐ 家《いえ》につく。

㋑ もちをつく。

㋒ おまけがつく。

□

② ソースをかける。

㋐ ふとんをかける。

㋑ 茶《ちゃ》わんがかける。

㋒ 馬《うま》がかける。

□

③ 電車《でんしゃ》がとまる。

㋐ 旅館《りょかん》にとまる。

㋑ 時計《とけい》がとまる。

㋒ 心《こころ》にとまる。

□

④ このすいかはあまい。

㋐ 父《ちち》は妹《いもうと》にあまい。

㋑ あまい声《こえ》でささやく。

㋒ あまいケーキを食《た》べた。

□

いろいろな意味《いみ》をもつ言葉《ことば》 (6)

名前

● 次《つぎ》の文《ぶん》の――線《せん》の言葉《ことば》の使《つか》い方《かた》が、同《おな》じ意味《いみ》になるものを一《ひと》つ選《えら》んで□に記号《きごう》で書《か》きましょう。

① ぼうしをとる。

㋐ めがねをとる。
㋑ 昼食《ちゅうしょく》をとる。
㋒ 写真《しゃしん》をとる。

□

② 算数《さんすう》の問題《もんだい》をとく。

㋐ 絵《え》の具《ぐ》を水《みず》でとく。
㋑ かみの毛《け》をとく。
㋒ クイズをとく。

□

③ ピアノをひく。

㋐ かぜをひく。
㋑ バイオリンをひく。
㋒ つなをひく。

□

④ 字《じ》をかく。

㋐ 手紙《てがみ》をかく。
㋑ はじをかく。
㋒ あせをかく。

□

考《かんが》えや気《き》持《も》ちをつたえる言葉《ことば》 (1)

名前

(1) 次《つぎ》の①〜③の気《き》持《も》ちを表《あらわ》す言葉《ことば》とよくにた意味《いみ》を表《あらわ》す言葉《ことば》を□から選《えら》んで、□に書《か》きましょう。

①
- ㋐ 熱心《ねっしん》
- ㋑ あっさり
- ㋒ ずうずうしい

根気強《こんきづよ》い

・あつかましい　・根気強《こんきづよ》い　・さっぱり

②
- ㋐ 短気《たんき》
- ㋑ 温和《おんわ》

・おだやか　・せっかち

③
- ㋐ わずか
- ㋑ 言《い》うことなし

・かんぺき　・ささやか

(2) 次《つぎ》の文《ぶん》のうち、気《き》持《も》ちを表《あらわ》す言葉《ことば》が正《ただ》しく使《つか》われているほうに○をつけましょう。

（　）友《とも》だちと仲直《なかなお》りができて、心《こころ》が晴《は》れる。

（　）友《とも》だちと仲直《なかなお》りができて、気《き》が重《おも》い。

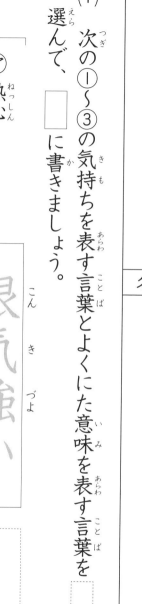

考《かんが》えや気《き》持《も》ちをつたえる言葉《ことば》 (2)

名前

(1) 次《つぎ》の①〜③の言葉《ことば》と反対《はんたい》の意味《いみ》を表《あらわ》す言葉《ことば》を下《した》の□から選《えら》んで、□に書《か》きましょう。

①
・ゆたか ↔ □
・弱点《じゃくてん》 ↔ □

②
・はげしい ↔ □
・おくびょう ↔ □

③
・かた苦《くる》しい ↔ □
・うかれる ↔ □

・まずしい
・長所《ちょうしょ》

・おだやか
・ゆうかん

・がっかり
・ざっくばらん

(2) 次《つぎ》の文《ぶん》のうち、気《き》持《も》ちを表《あらわ》す言葉《ことば》が正《ただ》しく使《つか》われているほうに○をつけましょう。

（　）お誕生日《たんじょうび》を祝《いわ》ってもらってがっかりだ。

（　）お誕生日《たんじょうび》を祝《いわ》ってもらってうかれる。

考《かんが》えや気《き》持《も》ちをつたえる言葉《ことば》 (3)

名前

(1) 次《つぎ》の①②の気《き》持《も》ちを表《あらわ》す言葉《ことば》の意味《いみ》にあうものを、下《した》の□から選《えら》んで□に記号《きごう》を書《か》きましょう。

①
- 心《こころ》が晴《は》れる。 ［㋓］
- 心《こころ》が動《うご》く。 ［　］
- 心《こころ》が温《あたた》まる。 ［　］
- 心《こころ》がはずむ。 ［　］

㋐ 気《き》持《も》ちが引《ひ》きつけられる。
㋑ おだやかになる。
㋒ 楽《たの》しい気《き》持《も》ち。
㋓ 心配《しんぱい》ごとが消《き》えて明《あか》るくなる。

②
- 気《き》がすむ。 ［　］
- 気《き》が重《おも》い。 ［　］
- 気《き》が遠《とお》くなる。 ［　］
- 気《き》を引《ひ》きしめる。 ［　］

㋐ 気《き》が進《すす》まない。おっくうだ。
㋑ 気分《きぶん》が落《お》ち着《つ》く。
㋒ きんちょう感《かん》をもつ。
㋓ 正気《しょうき》でなくなる。

(2) 次《つぎ》の文《ぶん》のうち、気《き》持《も》ちを表《あらわ》す言葉《ことば》が正《ただ》しく使《つか》われているほうに○をつけましょう。

（　）明日《あす》は、にがてなテストがあるので、心《こころ》がはずむ。

（　）明日《あす》は、にがてなテストがあるので、気《き》が重《おも》い。

考《かんが》えや気持《きも》ちをつたえる言葉《ことば》 (4)

名前

(1) 次《つぎ》の気持《き も》ちを表《あらわ》す言葉《ことば》の意味《いみ》にあうものを下《した》の□から選《えら》んで、□に記号《きごう》を書《か》きましょう。

・むねがつぶれる。 ㋒

・むねがふくらむ。 □

・むねがおどる。 □

㋐ 期待《きたい》や希望《きぼう》に満《み》ちあふれる。

㋑ 期待《きたい》やこうふんなどで、気持《きも》ちがうきうきする。

㋒ 悲《かな》しみや心配《しんぱい》ごとでたいそうおどろく。

(2) 次《つぎ》の文《ぶん》の□にあてはまる言葉《ことば》を、□から選《えら》んで書《か》きましょう。

① 明日《あす》の旅行《りょこう》のことを考《かんが》えると、むねが□。

② 急《きゅう》な愛犬《あいけん》の死《し》に、むねが□思《おも》いだ。

・つぶれる　・おどる

考《かんが》えや気持《きも》ちをつたえる言葉《ことば》（5）

名前

● 次《つぎ》の文《ぶん》の□にあてはまる言葉《ことば》を□から選《えら》んで書《か》きましょう。

①

㋐ この作品《さくひん》は、予想どおり《よそう》の出来《でき》ばえだ。

㋑ 水《すい》とうを持《も》って行《い》くのが□。

㋒ お金《かね》を□持《も》っている。

・望《のぞ》ましい　・わずか　・予想《よそう》どおり

②

㋐ 山《やま》のむこうに□に明《あ》かりが見《み》える。

㋑ □波《なみ》が岩《いわ》をたたきつける。

㋒ わたしは、がんばっている弟《おとうと》が□。

・かすか　・ほこらしい　・はげしい

考《かんが》えや気《き》持《も》ちをつたえる言葉《ことば》 (6)

名前

(1) 次《つぎ》の①〜③で考《かんが》え方《かた》を表《あらわ》す言葉《ことば》が正《ただ》しく使《つか》われている文《ぶん》に○を、まちがっている文《ぶん》に×をしましょう。

①
( ) もし明《あ》日《す》雨《あめ》なら野《や》球《きゅう》のしあいはないだろう。
( ) もし明《あ》日《す》雨《あめ》なら野《や》球《きゅう》のしあいはあるだろう。

②
( ) たとえ遊《あそ》びにさそわれたとしても、わたしは行《い》く。
( ) たとえ遊《あそ》びにさそわれたとしても、わたしは行《い》かない。

③
( ) 赤《あか》と青《あお》、どちらが好《す》きかというと、青《あお》が好《す》きだ。
( ) 赤《あか》と青《あお》、どちらが好《す》きかというと、ぼうしが好《す》きだ。

(2) 次《つぎ》の文《ぶん》に続《つづ》く、気《き》持《も》ちを表《あらわ》す言葉《ことば》を、——線《せん》でむすんで完《かん》成《せい》させましょう。

① 忘《わす》れ物《もの》をして ・　　・ あっけにとられる。

② クラスのみんなからほめられて ・　　・ 冷《ひ》やあせをかく。

③ おとなしい友《とも》だちが、大《おお》きな声《こえ》で発《はつ》言《げん》したので ・　　・ むねがいっぱいになる。

漢字《かんじ》の音《おん》を表《あらわ》す部分《ぶぶん》 (1)

名前

(1) 次《つぎ》の漢字《かんじ》の音《おん》を表《あらわ》す部分《ぶぶん》を□でかこみましょう。表《あらわ》す音《おん》を□から選《えら》んで、( )に書《か》きましょう。

〈例《れい》〉 板(ハン)

① 課(カ)

② 想(ソウ)

③ 頭(トウ)

④ 理(リ)

⑤ 時(ジ)

・ハン ・トウ ・リ ・ソウ ・ジ ・カ

(2) □の漢字《かんじ》と、——線《せん》の漢字《かんじ》の音《おん》を表《あらわ》す部分《ぶぶん》に気《き》をつけて、( )に表《あらわ》す音《おん》の読《よ》み方《かた》をかたかなで書《か》きましょう。

① 羊毛《もう》の糸《いと》で洋服《ふく》を作《つく》る。 (ヨウ)

② 交差《さ》点《てん》を通《とお》って、学《がっ》校へ行《い》く。 (コウ)

③ 毎朝《まいあさ》、運動場《うんどうじょう》を五《ご》周、一《いっ》週間《かん》走《はし》った。 (シュウ)

(3) 次《つぎ》の音《おん》を表《あらわ》す部分《ぶぶん》をもつ漢字《かんじ》を、□から選《えら》んで、( )に書《か》きましょう。

① 方 ホウ (放)

② 長 チョウ (帳)

③ 束 ソク (速)

④ 令 レイ (冷)

⑤ 化 カ (貨)

⑥ 会 カイ (絵)

・放 ・冷 ・貨 ・帳 ・速 ・絵

漢字《かんじ》の音《おん》を表《あらわ》す部分《ぶぶん》 (2)

名前

(1) 次《つぎ》の漢字《かんじ》の音《おん》を表《あらわ》す部分《ぶぶん》を□でかこみましょう。表《あらわ》す音《おん》を［　］から選《えら》んで、（　）に書《か》きましょう。

① 板（ハン）

② 課（　　）

③ 想（　　）

④ 頭（　　）

⑤ 理（　　）

⑥ 時（　　）

・ハン　・トウ　・リ　・ソウ　・ジ　・カ

(2) □の漢字《かんじ》と、——線《せん》の漢字《かんじ》の音《おん》を表《あらわ》す部分《ぶぶん》に気《き》をつけて、（　）に表《あらわ》す音《おん》の読《よ》み方《かた》をかたかなで書《か》きましょう。

① 羊毛《もう》の糸《いと》で洋服《ふく》を作《つく》る。（　　）（　　）

② 交差《さ》点《てん》を通《とお》って、学《がっ》校へ行《い》く。（　　）（　　）

③ 毎《まい》朝《あさ》、運動場《うんどうじょう》を五《ご》周、一《いっ》週間《かん》走《はし》った。（　　）（　　）

(3) 次《つぎ》の音《おん》を表《あらわ》す部分《ぶぶん》をもつ漢字《かんじ》を、［　］から選《えら》んで（　）に書《か》きましょう。

① 方　ホウ（　　）

② 長　チョウ（　　）

③ 束　ソク（　　）

④ 令　レイ（　　）

⑤ 化　カ（　　）

⑥ 会　カイ（　　）

・放　・冷　・貨　・帳　・速　・絵

送《おく》りがなのつけ方《かた》 (1)

名前

(1) □にあてはまる言《い》い方《かた》を書《か》きましょう。

① ふつうの言《い》い方《かた》

・走《はし》る
- 走らない（動作《どうさ》を打《う》ち消《け》す言《い》い方《かた》）
- 走った（動作《どうさ》がすんだ言《い》い方《かた》）

② ていねいな言《い》い方《かた》

・走《はし》ります
- 走りません（動作《どうさ》を打《う》ち消《け》す言《い》い方《かた》）
- 走りました（動作《どうさ》がすんだ言《い》い方《かた》）

(2) 送《おく》りがなに気《き》をつけて、次《つぎ》の①～④の言葉《ことば》を（　）の言《い》い方《かた》に変《か》えて、□に書《か》きましょう。

① 歩《ある》く→（ていねいな言《い》い方《かた》）

ゆっくりと 歩きます 。

② 読《よ》む→（動作《どうさ》を打《う》ち消《け》す言《い》い方《かた》）

弟《おとうと》は、本《ほん》を 読まない 。

③ 買《か》う→（動作《どうさ》がすんだ言《い》い方《かた》）

かさを 買った 。

④ 開《ひら》く→（ていねいで動作《どうさ》がすんだ言《い》い方《かた》）

本《ほん》のページを 開けました 。

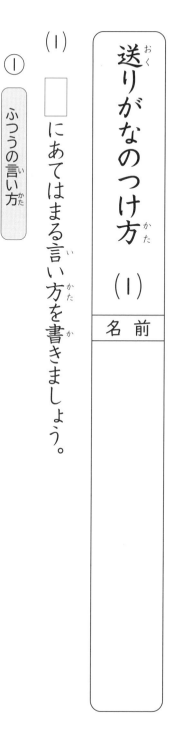

送《おく》りがなのつけ方《かた》 (2)

名前

(1) □にあてはまる言《い》い方《かた》を、□から選《えら》んで書《か》きましょう。

① ふつうの言《い》い方《かた》

・走《はし》る — □（動作《どうさ》を打《う》ち消《け》す言《い》い方《かた》） □（動作《どうさ》がすんだ言《い》い方《かた》）

② ていねいな言《い》い方《かた》

・走《はし》ります — □（動作《どうさ》を打《う》ち消《け》す言《い》い方《かた》） □（動作《どうさ》がすんだ言《い》い方《かた》）

・走《はし》らない
・走《はし》りません
・走《はし》った
・走《はし》りました

(2) 送《おく》りがなに気《き》をつけて、次《つぎ》の①〜④の言葉《ことば》を（　）の言《い》い方《かた》に変《か》えて、□に書《か》きましょう。

① 歩《ある》く→（ていねいな言《い》い方《かた》）
ゆっくりと□。

② 読《よ》む→（動作《どうさ》を打《う》ち消《け》す言《い》い方《かた》）
弟《おとうと》は、本《ほん》を□。

③ 買《か》う→（動作《どうさ》がすんだ言《い》い方《かた》）
かさを□。

④ 開《ひら》く→（ていねいで動作《どうさ》がすんだ言《い》い方《かた》）
本《ほん》のページを□。

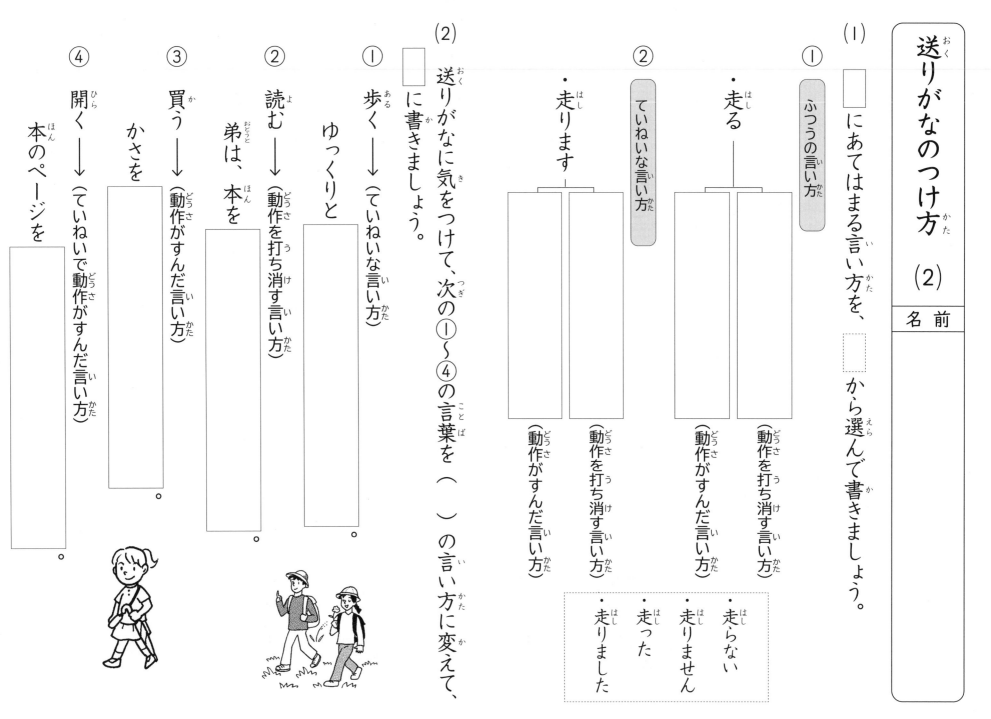

解答例

本書の解答は，あくまでもひとつの例です。児童に取り組ませる前に，必ず指導される方が問題を解いてください。指導される方の作られた解答をもとに，児童の多様な考えに寄り添って○つけをお願いします。

4頁

春《はる》のうた

名前

● 次《つぎ》の詩《し》を二回《にかい》読《よ》んで、答《こた》えましょう。

春《はる》のうた　草野《くさの》 心平《しんぺい》

かえるは冬《ふゆ》のあいだは土《つち》の中《なか》にいて
春《はる》になると地上《ちじょう》に出《で》てきます。
そのはじめての日《ひ》のうた。

ほっ　まぶしいな。
ほっ　うれしいな。

みずは　つるつる。
かぜは　そよそよ。
ケルルン　クック。
ああいいにおいだ。
ケルルン　クック。

ほっ　いぬのふぐりがさいている。
ほっ　おおきなくもがうごいてくる。

ケルルン　クック。
ケルルン　クック。

（令和二年度版　光村図書　国語　四上　かがやき　草野《くさの》　心平《しんぺい》）

(1) かえるは冬《ふゆ》のあいだはどこにいますか。

土　の中《なか》

(2) 次《つぎ》の言葉《ことば》で表《あらわ》しているものは、何《なん》ですか。

① つるつる　みず

② そよそよ　かぜ

(3) 「ケルルン　クック。」は、何《なに》を表《あらわ》していますか。一《ひと》つに○をつけましょう。

（　）水《みず》の流《なが》れる音《おと》
（　）風《かぜ》がふく音《おと》
（○）かえるの鳴《な》き声《ごえ》

(4) かえるが見《み》つけたものは何《なん》ですか。二《ふた》つに○をつけましょう。

（　）たんぽぽ
（○）いぬのふぐり
（○）おおきなくも
（　）ちょうちょ

※「春のうた」の教材は、令和二年度版　教育出版　ひろがる言葉　小学国語　四上にも掲載されています。

4

5頁

短歌《たんか》・俳句《はいく》に親《した》しもう（一《いち》）　短歌《たんか》(1)

名前

● 次《つぎ》の短歌《たんか》とその意味《いみ》を二回《にかい》読《よ》んで、答《こた》えましょう。

石走《いわばし》る垂水《たるみ》の上《うえ》のさわらびの萌《も》え出《い》づる春《はる》になりにけるかも

志貴皇子《しきのみこ》

（意味《いみ》）岩《いわ》の上《うえ》をいきおいよく流《なが》れるたきのそばの、
わらびが芽《め》を出《だ》す春《はる》になったのだなあ。

（令和二年度版　光村図書　国語　四上　かがやき　「短歌・俳句に親しもう（一）」による）

(1) 次《つぎ》の短歌《たんか》とその意味《いみ》を——線《せん》でむすびましょう。

① 石走《いわばし》る
② 垂水《たるみ》の上《うえ》の
③ さわらびの
④ 萌《も》え出《い》づる春《はる》に
⑤ なりにけるかも

わらびが
岩《いわ》の上《うえ》をいきおいよく流《なが》れる
たきのそばの
なったのだなあ
芽《め》を出《だ》す春《はる》に

5

6頁

短歌《たんか》・俳句《はいく》に親《した》しもう（一《いち》）　短歌《たんか》(2)

名前

● 次《つぎ》の短歌《たんか》とその意味《いみ》を二回《にかい》読《よ》んで、答《こた》えましょう。

君《きみ》がため春《はる》の野《の》に出《い》でて若菜《わかな》摘《つ》む我《わ》が衣手《ころもで》に雪《ゆき》は降《ふ》りつつ

光孝天皇《こうこうてんのう》

（意味《いみ》）あなたのために、春《はる》の野《の》に出《で》かけて
若菜《わかな》を摘《つ》むわたしのそでに、
雪《ゆき》がずっと降《ふ》りつづいている。

（令和二年度版　光村図書　国語　四上　かがやき　「短歌・俳句に親しもう（一）」による）

(1) 次《つぎ》の短歌《たんか》とその意味《いみ》を——線《せん》でむすびましょう。

① 君《きみ》がため
② 春《はる》の野《の》に出《い》でて
③ 若菜《わかな》摘《つ》む
④ 我《わ》が衣手《ころもで》に
⑤ 雪《ゆき》は降《ふ》りつつ

春《はる》の野《の》に出《で》かけて
わたしのそでに
あなたのために
若菜《わかな》を摘《つ》む
雪《ゆき》がずっと降《ふ》りつづいている

6

7頁

短歌《たんか》・俳句《はいく》に親《した》しもう（一《いち》）　短歌《たんか》(3)

名前

● 次《つぎ》の短歌《たんか》とその意味《いみ》を二回《にかい》読《よ》んで、答《こた》えましょう。

見渡《みわた》せば柳桜《やなぎさくら》をこきまぜて都《みやこ》ぞ春《はる》の錦《にしき》なりける

素性法師《そせいほうし》

（意味《いみ》）見渡《みわた》すと、柳《やなぎ》と桜《さくら》が交《ま》じり合《あ》っていて、
都《みやこ》のけしきは、まるで春《はる》のもような
織物《おりもの》のようだなあ。

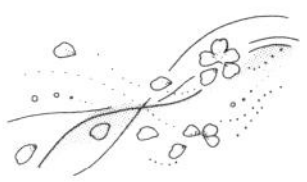

（令和二年度版　光村図書　国語　四上　かがやき　「短歌・俳句に親しもう（一）」による）

(1) 次《つぎ》の短歌《たんか》とその意味《いみ》を——線《せん》でむすびましょう。

① 見渡《みわた》せば
② 柳桜《やなぎさくら》を
③ こきまぜて
④ 都《みやこ》ぞ春《はる》の
⑤ 錦《にしき》なりける

柳《やなぎ》と桜《さくら》が
見渡《みわた》すと
交《ま》じり合《あ》っていて
（春《はる》の）もようの織物《おりもの》のようだなあ
都《みやこ》のけしきは、まるで春《はる》の

7

8頁

短歌《たんか》・俳句《はいく》に親《した》しもう（一《いち》）

俳句《はいく》（1）

名前

● 次《つぎ》の俳句《はいく》とその意味《いみ》を二回《にかい》読《よ》んで、答《こた》えましょう。

名月《めいげつ》や｜池《いけ》をめぐりて｜夜《よ》もすがら

松尾《まつお》　芭蕉《ばしょう》

（意味《いみ》）今夜《こんや》は中秋《ちゅうしゅう》の名月《めいげつ》。水《みず》にうつった月《つき》などをながめながら、池《いけ》のまわりを一晩中《ひとばんじゅう》歩《ある》いてしまった。

（令和二年度版　光村図書　国語　四上　かがやき「短歌・俳句に親しもう（一）」による）

(1) 右《みぎ》の俳句《はいく》を、五音《ごおん》・七音《しちおん》・五音《ごおん》の、三《みっ》つの部分《ぶぶん》に分《わ》けて｜線《せん》を引《ひ》きましょう。

(2) 季節《きせつ》は、春《はる》・夏《なつ》・秋《あき》・冬《ふゆ》のうち、いつですか。

秋

(3) 夜《よ》もすがらとは、どういう意味《いみ》ですか。（意味《いみ》）を読《よ》んで、あてはまるもの一《ひと》つに○をつけましょう。

（　）中秋《ちゅうしゅう》の名月《めいげつ》

（　）月《つき》などをながめながら

（○）一晩中《ひとばんじゅう》

9頁

短歌《たんか》・俳句《はいく》に親《した》しもう（一《いち》）

俳句《はいく》（2）

名前

● 次《つぎ》の俳句《はいく》とその意味《いみ》を二回《にかい》読《よ》んで、答《こた》えましょう。

夏河《なつかわ》を｜越《こ》すうれしさよ｜手《て》に草履《ぞうり》

与謝《よさ》　蕪村《ぶそん》

（意味《いみ》）夏《なつ》の日《ひ》に、手《て》に草履《ぞうり》を持《も》って川《かわ》を渡《わた》ると、川《かわ》の水《みず》がつめたくて気持《きも》ちがよく、うれしくなることだ。

（令和二年度版　光村図書　国語　四上　かがやき「短歌・俳句に親しもう（一）」による）

(1) 右《みぎ》の俳句《はいく》を、五音《ごおん》・七音《しちおん》・五音《ごおん》の、三《みっ》つの部分《ぶぶん》に分《わ》けて｜線《せん》を引《ひ》きましょう。

(2) 季節《きせつ》は、春《はる》・夏《なつ》・秋《あき》・冬《ふゆ》のうち、いつですか。

夏

(3) 手《て》に何《なに》を持《も》っていますか。ひらがな三文字《さんもじ》で書《か》きましょう。

ぞうり

10頁

短歌《たんか》・俳句《はいく》に親《した》しもう（一《いち》）

俳句《はいく》（3）

名前

● 次《つぎ》の俳句《はいく》とその意味《いみ》を二回《にかい》読《よ》んで、答《こた》えましょう。

雀《すずめ》の子《こ》｜そこのけそこのけ｜御馬《おうま》が通《とお》る

小林《こばやし》　一茶《いっさ》

（意味《いみ》）雀《すずめ》の子《こ》よ、あぶないから、そこをどきなさい。お馬《うま》さんが通《とお》るよ。

（令和二年度版　光村図書　国語　四上　かがやき「短歌・俳句に親しもう（一）」による）

(1) 右《みぎ》の俳句《はいく》を、言葉《ことば》の調子《ちょうし》のいいところで、三《みっ》つの部分《ぶぶん》に分《わ》けて｜線《せん》を引《ひ》きましょう。

(2) 次《つぎ》の俳句《はいく》とその意味《いみ》を——線《せん》でむすびましょう。

① 雀《すずめ》の子《こ》 — （あぶないから、）そこをどきなさい

② そこのけそこのけ — お馬《うま》さんが通《とお》るよ

③ 御馬《おうま》が通《とお》る — 雀《すずめ》の子《こ》よ

11頁

忘《わす》れもの

名前

● 次《つぎ》の詩《し》を二回《にかい》読《よ》んで、答《こた》えましょう。

忘《わす》れもの

高田《たかだ》　敏子《としこ》

入道雲《にゅうどうぐも》にのって
㋐夏休《なつやす》みはいってしまった
「サヨナラ」のかわりに
素晴《すば》らしい夕立《ゆうだち》をふりまいて

けさ　空《そら》はまっさお
木々《きぎ》の葉《は》の一枚一枚《いちまいいちまい》が
あたらしい光《ひかり》とあいさつをかわしている

だがキミ！　夏休《なつやす》みよ
もう一度《いちど》　㋑もどってこないかな
忘《わす》れものをとりにさ

迷子《まいご》のセミ
さびしそうな麦《むぎ》わら帽子《ぼうし》
それから　ぼくの耳《みみ》に
くっついて離《はな》れない波《なみ》の音《おと》

（令和二年度版　光村図書　国語　四上　かがやき　高田《たかだ》　敏子《としこ》）

(1) この詩《し》は、いくつの連《れん》からなりますか。

四 連《れん》

(2) ㋐夏休《なつやす》みはいってしまったとは、どういう意味《いみ》ですか。○をつけましょう。

（　）夏休《なつやす》みが始《はじ》まった。

（○）夏休《なつやす》みが終《お》わった。

(3) 木々《きぎ》の葉《は》の一枚一枚《いちまいいちまい》があたらしい光《ひかり》と、何《なに》をかわしていますか。

あいさつ

(4) ㋑もどってこないかなとありますが、何《なに》がもどって来《き》てほしいのですか。

夏休み

本書の解答は，あくまでもひとつの例です。児童に取り組ませる前に，必ず指導される方が問題を解いてください。指導される方の作られた解答をもとに，児童の多様な考えに寄り添って○つけをお願いします。

12頁

水平線《すいへいせん》

● 次《つぎ》の詩《し》を二回《にかい》読《よ》んで、答《こた》えましょう。

名前

1
水平線《すいへいせん》

小泉《こいずみ》　周二《しゅうじ》

水平線《すいへいせん》がある
一直線《いっちょくせん》にある
ゆれているはずなのに
一直線《いっちょくせん》にある

2
水平線《すいへいせん》がある
はっきりとある
空《そら》とはちがうぞと
はっきりとある

3
水平線《すいへいせん》がある
どこまでもある
ほんとうの強《つよ》さみたいに
どこまでもある

※水平線《すいへいせん》…海《うみ》と空《そら》のさかい目《め》の線《せん》。

（令和二年度版　東京書籍　新しい国語　四上　小泉《こいずみ》　周二《しゅうじ》）

(1) 1 2 3のすべての連《れん》でくり返《かえ》されている一行《いちぎょう》は何《なん》ですか。

水平線　がある

(2) 1で二回《にかい》くり返《かえ》されている一行《いちぎょう》は何《なん》ですか。

一直線　にある

(3) 2で二回《にかい》くり返《かえ》されている一行《いちぎょう》は何《なん》ですか。

はっきり　とある

(4) 3で二回《にかい》くり返《かえ》されている一行《いちぎょう》は何《なん》ですか。

どこまでも　ある

13頁

こわれた千《せん》の楽器《がっき》　(1)

● 次《つぎ》のあらすじと文章《ぶんしょう》を二回《にかい》読《よ》んで、答《こた》えましょう。

名前

楽器倉庫《がっきそうこ》に、こわれて使《つか》えなくなった楽器《がっき》たちが、ねむっていました。「ここはこわれた楽器《がっき》の倉庫《そうこ》だな。」という月《つき》の声《こえ》に目《め》を覚《さ》まし、楽器《がっき》たちが、みんなでもう一度《いちど》えんそうがしたいと話《はな》しています。

1
㋐「やろう。」
「やろう。」
バイオリンや
コントラバス、オーボエ、
フルートなども、
立《た》ち上《あ》がって言《い》いました。
楽器《がっき》たちは、それぞれ
集《あつ》まって練習《れんしゅう》を始《はじ》めました。

2
「もっとやさしい音《おと》を！」
「レとソは鳴《な》ったぞ。」
「げんをもうちょっとしめて……。うん、いい音《おと》だ。」
「ぼくはミの音《おと》をひく。君《きみ》はファの音《おと》を出《だ》してくれないか。」

（令和二年度版　東京書籍　新しい国語　四上　野呂《のろ》　昶《さかん》）

1
(1) ㋐「やろう。」「やろう。」と言《い》ったのはだれですか。四《よっ》つ答《こた》えましょう。

バイオリン　コントラバス　オーボエ　フルート

(2) 楽器《がっき》たちは、集《あつ》まって何《なに》を始《はじ》めましたか。

練習

2
(1) どんな練習《れんしゅう》をしている様子《ようす》が分《わ》かりますか。二《ふた》つに○をつけましょう。

(　)それぞれで勝手《かって》に練習《れんしゅう》している。
(○)いい音《おと》を出《だ》そうとくふうしている。
(○)みんなで力《ちから》を合《あ》わせて練習《れんしゅう》している。
(　)練習《れんしゅう》するのをあきらめてしまった。

14頁

こわれた千《せん》の楽器《がっき》　(2)

● 次《つぎ》の文章《ぶんしょう》を二回《にかい》読《よ》んで、答《こた》えましょう。

名前

1
毎日毎日練習《まいにちまいにちれんしゅう》が
続《つづ》けられました。
そして、㋐やっと音《おと》が出《で》ると、
「できた。」
「できた。」
おどり上《あ》がって
よろこびました。

2
ある夜《よる》のこと、月《つき》は、
楽器倉庫《がっきそうこ》の上《うえ》を
通《とお》りかかりました。
すると、どこからか音楽《おんがく》が
流《なが》れてきました。
㋐「なんときれいな音《おと》。だれがえんそうしているんだろう。」

（令和二年度版　東京書籍　新しい国語　四上　野呂《のろ》　昶《さかん》）

1
(1) 練習《れんしゅう》はどれだけ続《つづ》けられましたか。一《ひと》つに○をつけましょう。

(○)毎日《まいにち》
(　)一日《いちにち》
(　)一週間《いっしゅうかん》

(2) ㋐やっと音《おと》が出《で》ると、どのようによろこびましたか。

おどり上がって　よろこびました。

2
(1) 月《つき》は、どこの上《うえ》を通《とお》りかかりましたか。

楽器倉庫　の上《うえ》。

(2) ㋐は、だれが言《い》った言葉《ことば》ですか。

月

15頁

こわれた千《せん》の楽器《がっき》　(3)

● 次《つぎ》の文章《ぶんしょう》を二回《にかい》読《よ》んで、答《こた》えましょう。

名前

1
月《つき》は、音《おと》のする方《ほう》へ近《ちか》づいていきました。それは、
前《まえ》にのぞいたことのある
楽器倉庫《がっきそうこ》からでした。
㋐そこでは、千《せん》の楽器《がっき》が
いきいきと、
えんそうに夢中《むちゅう》でした。

2
こわれた楽器《がっき》は、
一《ひと》つもありません。
一《ひと》つ一《ひと》つが
みんなりっぱな楽器《がっき》です。
おたがいに足《た》りないところを
おぎない合《あ》って、
㋑音楽《おんがく》をつくっているのです。

（令和二年度版　東京書籍　新しい国語　四上　野呂《のろ》　昶《さかん》）

1
(1) ㋐そことは、どこですか。

前《まえ》にのぞいたことのある　楽器倉庫。

(2) だれがえんそうに夢中《むちゅう》でしたか。

千の楽器

2
(1) 何《なに》が一《ひと》つもないのですか。一《ひと》つに○をつけましょう。

(　)千《せん》の楽器《がっき》
(○)こわれた楽器《がっき》
(　)りっぱな楽器《がっき》

(2) ㋑音楽《おんがく》をつくっているのですか。りっぱな楽器《がっき》は、どうやって

足《た》りないところを　おたがいに　おぎない合って、音楽《おんがく》をつくっているのです。

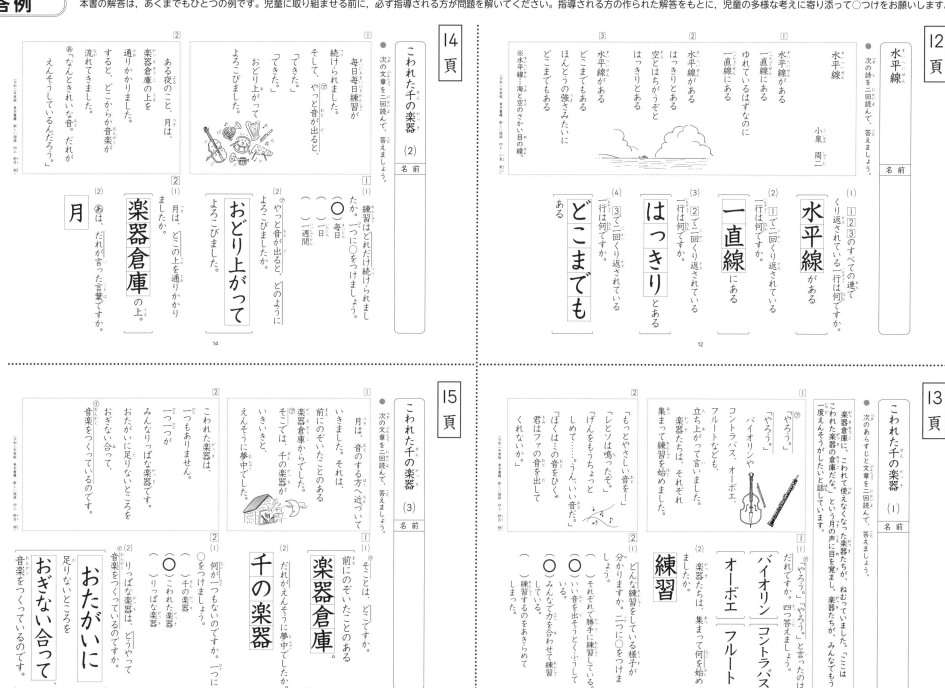

16頁

こわれた千《せん》の楽器《がっき》 (4)

名前

● 次《つぎ》の文章《ぶんしょう》を二回《にかい》読《よ》んで、答《こた》えましょう。

月《つき》は、音楽《おんがく》に
おし上《あ》げられるように、
㋐空高《そらたか》く上《のぼ》っていきました。
㋵「ああ、いいなあ。」
月《つき》は、㋑うっとりと
聞《き》きほれました。
そして、
㋒ときどき思《おも》い出《だ》しては、
光《ひかり》の糸《いと》を大空《おおぞら》いっぱいに
ふき上《あ》げました。

（令和二年度版 東京書籍 新しい国語 四上 野呂《のろ》 昶）

(1) ㋐空高《そらたか》く上《のぼ》っていきましたか。月《つき》は、何《なに》におし上《あ》げられるように、

音楽

(2) ㋵は、月《つき》と楽器《がっき》のどちらが言《い》った言葉《ことば》ですか。

月

(3) ㋑うっとりとは、どういう意味《いみ》ですか。○をつけましょう。

( )目《め》が回《まわ》って、ぼんやりしている様子《ようす》。
(○)気持《きも》ちよくなって、ぼうっとしている様子《ようす》。

(4) 月《つき》は、㋒ときどき思《おも》い出《だ》しては、どうしましたか。

光の糸 を大空《おおぞら》いっぱいに ふき上げました。

17頁

ヤドカリとイソギンチャク (1)

名前

● 次《つぎ》の文章《ぶんしょう》を二回《にかい》読《よ》んで、答《こた》えましょう。

1

ヤドカリの仲間《なかま》で、
さんごしょうに多《おお》い
ソメンヤドカリは、
貝《かい》がらに
イソギンチャクを付《つ》けて
歩《ある》き回《まわ》っています。

2

観察《かんさつ》してみると、
ソメンヤドカリは、
たいてい二《ふた》つから四《よっ》つの
ベニヒモイソギンチャクを、
貝《かい》がらの上《うえ》に付《つ》けています。
中《なか》には、九《ここの》つもの
イソギンチャクを付《つ》けていた
ヤドカリの例《れい》も記録《きろく》されて
います。㋐このような
ヤドカリのすがたは、
いかにも重《おも》そうに見《み》えます。

（令和二年度版 東京書籍 新しい国語 四上 武田《たけだ》 正倫《まさつね》）

1 (1) 貝《かい》がらにイソギンチャクを付《つ》けて歩《ある》き回《まわ》っているのは、何《なん》ですか。七文字《しちもじ》で答《こた》えましょう。

ソメンヤドカリ

2 (1) ソメンヤドカリは、二《ふた》つから四《よっ》つの何《なに》を貝《かい》がらの上《うえ》に付《つ》けていますか。

ベニヒモイソギンチャク

(2) ㋐このようなヤドカリのすがたは、どのように見《み》えますか。

いかにも 重そうに 見《み》えます。

18頁

ヤドカリとイソギンチャク (2)

名前

● 次《つぎ》の文章《ぶんしょう》を二回《にかい》読《よ》んで、答《こた》えましょう。

1

なぜ、ヤドカリは、
いくつものイソギンチャクを
貝《かい》がらに付《つ》けて
いるのでしょうか。
㋐このことを調《しら》べるために、
次《つぎ》のような実験《じっけん》をしました。

2

まず、おなかをすかせた
タコのいる㋑水《すい》そうに、
イソギンチャクを付《つ》けていない
ヤドカリを放《はな》します。
タコはヤドカリが
大好物《だいこうぶつ》なので、長《なが》いあしで
すぐヤドカリをつかまえ、
貝《かい》がらをかみくだいて
食《た》べてしまいます。

（令和二年度版 東京書籍 新しい国語 四上 武田《たけだ》 正倫《まさつね》）

1 (1) ㋐このこととは、何《なに》を指《さ》していますか。□にあてはまる言葉《ことば》を書《か》きましょう。

なぜ、ヤドカリは、いくつものイソギンチャクを 貝がら に付《つ》けているのでしょうか。

2 (1) ㋑水《すい》そうには、どんなタコがいますか。

おなかをすかせたタコ

(2) ㋑水《すい》そうに、何《なに》を放《はな》しますか。

イソギンチャク を付《つ》けていない ヤドカリ。

(3) タコは、何《なに》をつかってヤドカリをつかまえますか。

長いあし

19頁

ヤドカリとイソギンチャク (3)

名前

● 次《つぎ》の文章《ぶんしょう》を二回《にかい》読《よ》んで、答《こた》えましょう。

㋐次《つぎ》に、イソギンチャクを
付《つ》けているヤドカリを
入《い》れてみます。
タコは、ヤドカリを
とらえようとしてしきりに
あしをのばしますが、
イソギンチャクに
ふれそうになると、
あわてて
あしを引《ひ》っこめて
しまいます。
ヤドカリが近《ちか》づくと、
タコは後《あと》ずさりしたり、
㋑水《すい》そうの中《なか》を
にげ回《まわ》ったりします。

（令和二年度版 東京書籍 新しい国語 四上 武田《たけだ》 正倫《まさつね》）

(1) ㋐次《つぎ》に、何《なに》をしますか。

イソギンチャク を付《つ》けている ヤドカリ を入《い》れてみます。

(2) タコは、イソギンチャクにふれそうになると、どうしますか。

あわてて あし を 引っこめて しまいます。

(3) ㋑水《すい》そうの中《なか》をにげ回《まわ》ったりするのは、何《なん》ですか。一《ひと》つに○をつけましょう。

( )イソギンチャク
( )ヤドカリ
(○)タコ

解答例

本書の解答は，あくまでもひとつの例です。児童に取り組ませる前に，必ず指導される方が問題を解いてください。指導される方の作られた解答をもとに，児童の多様な考えに寄り添って○つけをお願いします。

20頁　ヤドカリとイソギンチャク (4)

● 次《つぎ》の文章《ぶんしょう》を二回《にかい》読《よ》んで、答《こた》えましょう。

名前

1

実《じつ》は、イソギンチャクのしょく手《しゅ》は、何《なに》かがふれるとはりが飛《と》び出《だ》す仕組《しく》みになっています。㋐そのはりで、魚《さかな》やエビをしびれさせて、えさにするのです。

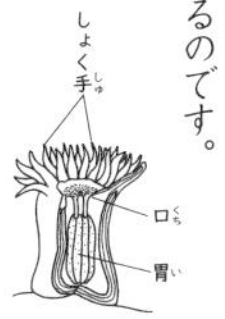

2

タコや魚《さかな》はこのことをよく知《し》っていて、㋑イソギンチャクに近《ちか》づこうとはしません。それで、ヤドカリは、イソギンチャクを自分《じぶん》の貝《かい》がらに付《つ》けることで、敵《てき》から身《み》を守《まも》ることができるのです。

（令和二年度版　東京書籍　新しい国語　四上　武田《たけだ》　正倫《まさつね》）

1

(1) イソギンチャクのしょく手《しゅ》は、どんな仕組《しく》みになっていますか。

何《なに》かが **ふれる** と、**はりが飛び出す** 仕組《しく》みになっています。

(2) ㋐そのはりで、魚《さかな》やエビをどのようにしてえさにするのですか。

しびれ させてえさにするのです。

2

(1) ㋑イソギンチャクに近《ちか》づこうとしないのは、何《なん》ですか。○をつけましょう。

（　）ヤドカリ

（○）タコや魚《さかな》

(2) ヤドカリが、イソギンチャクを自分《じぶん》の貝《かい》がらに付《つ》けるのは、なぜですか。

敵 から **身** を **守る** ことができるから。

21頁　走《はし》れ (1)

● 次《つぎ》の文章《ぶんしょう》を二回《にかい》読《よ》んで、答《こた》えましょう。

名前

1

朝《あさ》の日差《ひざ》しがベランダから差《さ》しこむ。のぶよは、のそのそと三人分《さんにんぶん》のふとんをたたむ。今日《きょう》は、春《はる》の運動会《うんどうかい》。足《あし》のおそいのぶよには、ゆううつな日《ひ》だ。

2

「ね、ね、今日《きょう》はお母《かあ》ちゃん、ぼくが走《はし》るまでに来《き》てくれるよね。」歯《は》みがきのとちゅうで、けんじが顔《かお》をのぞかせる。「ん……たぶんね。」のぶよは、お母《かあ》ちゃんのしわしわのまくらを、パンッとはたいて、おし入《い》れに放《ほう》りこんだ。

（令和二年度版　東京書籍　新しい国語　四上　村中《むらなか》　李衣《りえ》）

1

(1) 今日《きょう》は、何《なん》の日《ひ》ですか。

春 の **運動会**。

(2) 今日《きょう》は、のぶよには、どんな日《ひ》ですか。

ゆううつ な日《ひ》。

2

(1) けんじは、だれがいつ来《き》てくれるよねと言《い》っていますか。

「ね、ね、今日《きょう》は **お母ちゃん**、ぼくが **走るまで** に来《き》てくれるよね。」

(2) のぶよは、だれの何《なに》をパンッとはたきましたか。

お母ちゃん の しわしわの **まくら**。

※「走れ」の教材は、令和二年度版　教育出版　ひろがる言葉　小学国語　四下　にも掲載されています。

22頁　走《はし》れ (2)

● 次《つぎ》の文章《ぶんしょう》を二回《にかい》読《よ》んで、答《こた》えましょう。

名前

のぶよたちのお母《かあ》ちゃんは、駅前《えきまえ》で、弁当《べんとう》の仕出《しだ》し屋《や》さんをしている。お父《とう》ちゃんがなくなってから、お母《かあ》ちゃんが一人《ひとり》でがんばっている㋐お店《みせ》だ。

遠足《えんそく》や運動会《うんどうかい》など、㋑行事《ぎょうじ》のある日《ひ》は大《おお》いそがしで、朝《あさ》まだ暗《くら》いうちから仕事《しごと》に出《で》かける。

（令和二年度版　東京書籍　新しい国語　四上　村中《むらなか》　李衣《りえ》）

(1) お母《かあ》ちゃんの仕事《しごと》は何《なに》をしていますか。

駅前《えきまえ》で、**弁当** の仕出《しだ》し屋《や》さんをしている。

(2) ㋐お店《みせ》でがんばっているのは、だれですか。

お母ちゃん

(3) どんな㋑行事《ぎょうじ》のある日《ひ》が、大《おお》いそがしなのですか。二《ふた》つ答《こた》えましょう。

・**遠足**

・**運動会**

※「走れ」の教材は、令和二年度版　教育出版　ひろがる言葉　小学国語　四下　にも掲載されています。

23頁　走《はし》れ (3)

● 次《つぎ》の文章《ぶんしょう》を二回《にかい》読《よ》んで、答《こた》えましょう。

名前

1

去年《きょねん》の運動会《うんどうかい》には、お母《かあ》ちゃんの代《か》わりに、お店《みせ》の手伝《てつだ》いのおばさんがお昼《ひる》の弁当《べんとう》をとどけてくれた。一年生《いちねんせい》だったけんじは、とびきりの一等《いっとう》を走《はし》った後《あと》、お母《かあ》ちゃんが来《き》ていないことを知《し》って、大《おお》べそをかいた。

2

まだ三年生《さんねんせい》だったのぶよは、けんじをなぐさめるのと、その後始《あとはじ》まる、びりまちがいなしの自分《じぶん》の短《たん》きょり走《そう》のことで、心《こころ》の中《なか》がぐしょぐしょだった。思《おも》い出《だ》したくない思《おも》い出《で》だ。

（令和二年度版　東京書籍　新しい国語　四上　村中《むらなか》　李衣《りえ》）

1

(1) 去年《きょねん》の運動会《うんどうかい》にお昼《ひる》の弁当《べんとう》をとどけてくれたのは、だれですか。

お店の手伝いのおばさん

(2) けんじが、一等《いっとう》を走《はし》った後《あと》、大《おお》べそをかいたのは、なぜですか。

お母ちゃん が **来ていない** ことを知《し》ったから。

2

(1) のぶよが、心《こころ》の中《なか》がぐしょぐしょになったのはどんなことですか。二《ふた》つ書《か》きましょう。

① **けんじ** をなぐさめること。

② びりまちがいなしの **自分** の **短きょり走** のこと。

※「走れ」の教材は、令和二年度版　教育出版　ひろがる言葉　小学国語　四下　にも掲載されています。

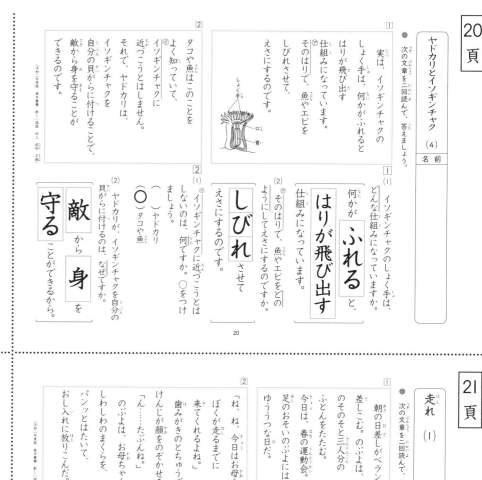

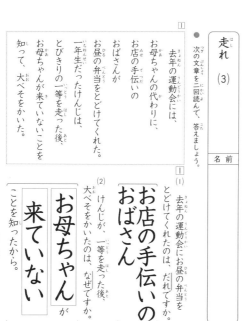

本書の解答は，あくまでもひとつの例です。児童に取り組ませる前に，必ず指導される方が問題を解いてください。指導される方の作られた解答をもとに，児童の多様な考えに寄り添って○つけをお願いします。

解答例

24頁

走れ《はし》 (4)

次《つぎ》の文章《ぶんしょう》を二回《にかい》読《よ》んで、答《こた》えましょう。

名前

1

あ「絶対《ぜったい》に来《く》るさ！ きのうの夜《よる》、ちゃんと約束《やくそく》したもん！」

けんじが、㋐むきになって歯《は》ブラシをふり回《まわ》した。

パッ パパッ、パーンと、空《そら》をつきやぶるように、花火《はなび》があがった。

2

明《あか》るい音楽《おんがく》といっしょに、プログラムはどんどん進《すす》んで、二年生《にねんせい》の短《たん》きょり走《そう》が始《はじ》まった。のぶよは、けんじの走《はし》る番《ばん》が来《く》るぎりぎりまで、校門《こうもん》の所《ところ》で待《ま》っていたが、お母《かあ》ちゃんのバイクは見《み》えなかった。

（令和二年度版　東京書籍　新しい国語　四上　村中《むらなか》　李衣《りえ》）

1 (1) あは、だれが言《い》った言葉《ことば》ですか。

けんじ

(2) けんじは、㋐むきになって何《なに》をしましたか。

歯《は》ブラシを ふり回した 。

2 (1) プログラムは、何《なに》といっしょに進《すす》んでいきましたか。

明るい音楽

(2) のぶよは、だれを待《ま》っていましたか。

お母ちゃん

(3) いつまで待《ま》っていましたか。

けんじの 走る番 が来《く》る ぎりぎり まで。

※「走れ」の教材は、令和二年度版　教育出版　ひろがる言葉　小学国語　四下　にも掲載されています。

24

25頁

走れ《はし》 (5)

次《つぎ》の文章《ぶんしょう》を二回《にかい》読《よ》んで、答《こた》えましょう。

名前

1

とうとう、けんじたちの番《ばん》が来《き》た。

けんじは、保護者席《ほごしゃせき》をちらりと見《み》た。が、すぐにまっすぐ前《まえ》をにらんだ。

2

そして、ピストルが鳴《な》ったしゅん間《かん》、一気《いっき》に飛《と》び出《だ》した。

速《はや》い。速《はや》い。

二位《にい》の子《こ》を五《ご》メートルも引《ひ》きはなして、けんじはテープを切《き》った。

（令和二年度版　東京書籍　新しい国語　四上　村中《むらなか》　李衣《りえ》）

1 (1) けんじは、どんな気持《きも》ちで保護者席《ほごしゃせき》を見《み》ましたか。○をつけましょう。

(○) お母《かあ》ちゃんは来《き》てくれているかな。

( ) お母《かあ》ちゃんは来《き》てくれないだろう。

(2) けんじが走《はし》ることに集中《しゅうちゅう》している様子《ようす》が分《わ》かる文《ぶん》を書《か》きましょう。

まっすぐ前《まえ》を にらんだ 。

2 (1) ピストルが鳴《な》ったしゅん間《かん》、けんじはどうしましたか。

一気に飛び出した。

(2) けんじは、何位《なんい》になりましたか。

一位

※「走れ」の教材は、令和二年度版　教育出版　ひろがる言葉　小学国語　四下　にも掲載されています。

25

26頁

走れ《はし》 (6)

次《つぎ》の文章《ぶんしょう》を二回《にかい》読《よ》んで、答《こた》えましょう。

名前

1

「けんじはもう走《はし》っちゃったかい？」

かけつけたお母《かあ》ちゃんが、㋐かたで息《いき》をしながらグラウンドをのぞきこんだときには、二年生《にねんせい》の短《たん》きょり走《そう》は終《お》わっていた。

2

お昼休《ひるやす》み、お母《かあ》ちゃんは、二年生《にねんせい》の席《せき》までけんじをむかえに行《い》った。

「お姉《ねえ》ちゃんに聞《き》いたよ。また一等《いっとう》だったんだって？ やるなあ、けんじは。」

けんじは、下《した》を向《む》いて、返事《へんじ》をしない。

（令和二年度版　東京書籍　新しい国語　四上　村中《むらなか》　李衣《りえ》）

1 (1) ㋐かたで息《いき》をしながらとは、どんな様子《ようす》ですか。○をつけましょう。

( ) 落《お》ち着《つ》いて、しんこきゅうする様子《ようす》。

(○) 急《いそ》いで来《き》たので、苦《くる》しそうに息《いき》をする様子《ようす》。

(2) お母《かあ》ちゃんがグラウンドをのぞきこんだとき、何《なに》が終《お》わっていましたか。

二年生の短きょり走

2 (1) お母《かあ》ちゃんが、けんじをむかえに行《い》ったのはいつですか。

お昼休み

(2) けんじが返事《へんじ》をしなかったのは、なぜですか。○をつけましょう。

(○) お母《かあ》ちゃんが短《たん》きょり走《そう》に間《ま》に合《あ》わなかったから。

( ) 一等《いっとう》になったことを、ほめられてはずかしかったから。

※「走れ」の教材は、令和二年度版　教育出版　ひろがる言葉　小学国語　四下　にも掲載されています。

26

27頁

走れ《はし》 (7)

次《つぎ》の文章《ぶんしょう》を二回《にかい》読《よ》んで、答《こた》えましょう。

名前

1

「店《みせ》の人《ひと》に後《あと》の仕事《しごと》をたのんで出《で》かけようとしたら、まとめて弁当《べんとう》の注文《ちゅうもん》が入《はい》ったんだよ。三十個《さんじっこ》だからねえ。その代《か》わり、ほうら。」

お母《かあ》ちゃんは、㋐むねをはって、くいっと、弁当包《べんとうづつ》みをのぶよに手《て》わたした。

2

のぶよが包《つつ》みを開《ひら》くと、けんじがつぶやいた。

「え？ これなの？」

あ「これって？」

お母《かあ》ちゃんが、笑《わら》いながら聞《き》き返《かえ》した。

「ぼく、今日《きょう》は特製《とくせい》のお弁当《べんとう》作《つく》ってって、言《い》ったのに。」

（令和二年度版　東京書籍　新しい国語　四上　村中《むらなか》　李衣《りえ》）

1 (1) お母《かあ》ちゃんが出《で》かけようとしたら、何《なに》が入《はい》りましたか。

まとめて弁当《べんとう》の 注文 が 三十 個《こ》入《はい》った。

(2) ㋐むねをはってとは、どういう意味《いみ》ですか。一《ひと》つに○をつけましょう。

(○) 自信《じしん》のある様子《ようす》で。

( ) 心配《しんぱい》そうに。

( ) 不思議《ふしぎ》そうに。

2 (1) あは、だれが言《い》った言葉《ことば》ですか。

お母ちゃん

(2) けんじは、どんなお弁当《べんとう》を作《つく》ってほしいと言《い》っていましたか。

特製 のお弁当《べんとう》。

※「走れ」の教材は、令和二年度版　教育出版　ひろがる言葉　小学国語　四下　にも掲載されています。

27

解答例

本書の解答は，あくまでもひとつの例です。児童に取り組ませる前に，必ず指導される方が問題を解いてください。指導される方の作られた解答をもとに，児童の多様な考えに寄り添って○つけをお願いします。

28頁

よかったなあ (1)

名前

● 次《つぎ》の詩《し》を二回《にかい》読《よ》んで、答《こた》えましょう。

よかったなあ
まど・みちお

よかったなあ　草《くさ》や木《き》が
ぼくらの　まわりに　いてくれて
目《め》のさめる　みどりの葉《は》っぱ
美《うつく》しいものの代表《だいひょう》　花《はな》
かぐわしい実《み》

よかったなあ　草《くさ》や木《き》が
何《なん》おく　何《なん》ちょう
㋐もっと数《かず》かぎりなく　いてくれて
どの　ひとつひとつも
みんな　めいめいに違《ちが》っていてくれて

※かぐわしい…かおりがよい。
※めいめい…それぞれ。

（令和二年度版　東京書籍　新しい国語　四上　まど・みちお）

(1) ぼくらのまわりに、何《なに》がいてくれてよかったなあと言っていますか。

草 や 木

(2) 次《つぎ》の①から③はどのように表《あらわ》されていますか。

① みどりの葉《は》っぱ　目のさめる

② 花《はな》　美しいもの の代表《だいひょう》

③ 実《み》　かぐわしい

(3) ㋐数《かず》かぎりなくとは、どういう意味《いみ》ですか。○をつけましょう。

(○) 数《かず》を数《かぞ》えられないぐらい多《おお》い。
(　) 数《かず》を数《かぞ》えられるぐらい少《すく》ない。

29頁

よかったなあ (2)

名前

● 次《つぎ》の詩《し》を二回《にかい》読《よ》んで、答《こた》えましょう。

よかったなあ　草《くさ》や木《き》が
㋐どんなところにも　いてくれて
鳥《とり》や　けものや　虫《むし》や　人《ひと》
何《なに》が訪《たず》ねるのをでも
そこで動《うご》かないで　待《ま》っていてくれて

ああ　よかったなあ　㋑草《くさ》や木《き》がいつも
雨《あめ》に洗《あら》われ
風《かぜ》にみがかれ
太陽《たいよう》にかがやいて　きらきらと

（令和二年度版　東京書籍　新しい国語　四上　まど・みちお）

(1) ㋐どんなところにもいるのは、何《なん》ですか。

草 や 木

(2) 草《くさ》や木《き》に訪《たず》ねてくるのは、何《なん》ですか。四つ書きましょう。

鳥　けもの　虫　人

(3) ㋑草《くさ》や木《き》がいつも、どのようにいてくれてよかったなあと言っていますか。

草《くさ》や木《き》がいつも
雨 に洗《あら》われ
風 にみがかれ
太陽 にかがやいて
きらきらと

30頁

ふしぎ

名前

● 次《つぎ》の詩《し》を二回《にかい》読《よ》んで、答《こた》えましょう。

ふしぎ
金子《かねこ》　みすゞ

1
わたしはふしぎでたまらない、
黒《くろ》い雲《くも》からふる雨《あめ》が、
銀《ぎん》にひかっていることが。

2
わたしはふしぎでたまらない、
青《あお》いくわの葉《は》たべている、
かいこが白《しろ》くなることが。

3
わたしはふしぎでたまらない、
㋐たれもいじらぬ夕顔《ゆうがお》が、
ひとりでぱらりと開《ひら》くのが。

4
わたしはふしぎでたまらない、
たれにきいてもわらってて、
あたりまえだ、ということが。

（令和二年度版　東京書籍　新しい国語　四上　金子みすゞ）

(1) 1～4のすべての連《れん》でくり返《かえ》されている一行《いちぎょう》は何《なん》ですか。

わたしはふしぎでたまらない、

(2) 1 2で、ふしぎに思《おも》っていることは、何《なん》ですか。

1 黒い雲 からふる雨《あめ》が、銀 にひかっていること。

2 青い くわの葉《は》をたべている、かいこが 白く なること。

(3) 3の㋐たれもいじらぬとは、どういう意味《いみ》ですか。○をつけましょう。

(　) だれも知《し》らない。
(○) だれも手《て》をくわえない。

31頁

白《しろ》いぼうし (1)

名前

● 次《つぎ》の文章《ぶんしょう》を二回《にかい》読《よ》んで、答《こた》えましょう。

1
㋐「これは、レモンのにおいですか？」
ほりばたでのせたお客《きゃく》の㋑しんしが、はなしかけました。

2
㋐「いいえ、夏《なつ》みかんですよ。」
しんごうが赤《あか》なので、ブレーキをかけてから、うんてんしゅの松井《まつい》さんは、にこにこしてこたえました。

（ポプラ社　二〇〇五年発行　ポプラポケット文庫　車のいろは空のいろ　白いぼうし　あまんきみこ）

1
(1) お客《きゃく》は、㋐これは、何《なん》のにおいだと聞《き》きましたか。

レモン

(2) ㋑しんしとは、どちらのことですか。○をつけましょう。

(○) 男《おとこ》の人《ひと》
(　) 女《おんな》の人《ひと》

2
(1) ㋐は、だれが言《い》った言葉《ことば》ですか。○をつけましょう。

(　) お客《きゃく》のしんし
(○) うんてんしゅの松井《まつい》さん

(2) 松井《まつい》さんは、なぜブレーキをかけたのですか。

しんごう が 赤 なので、ブレーキをかけた。

「白いぼうし」P31～P45はポプラポケット文庫からの引用ですので、教科書とは漢字・ひらがな・かたかなの表記が異なります。

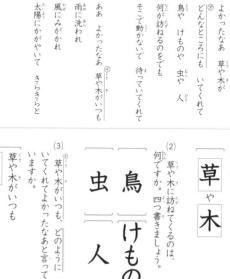

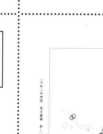

32頁

白《しろ》いぼうし (2)

名前

● 次《つぎ》の文章《ぶんしょう》を二回《にかい》読《よ》んで、答《こた》えましょう。

㋐きょうは、六月《ろくがつ》のはじめ。
　夏《なつ》がいきなり
はじまったような
あつい日《ひ》です。
松井《まつい》さんもお客《きゃく》も、
白《しろ》いワイシャツのそでを、
うでまで
㋑たくしあげていました。

(ポプラ社　二〇〇五年発行　ポプラポケット文庫「車のいろは空のいろ　白いぼうし」あまん　きみこ)

(1) ㋐きょうについて答《こた》えましょう。

① ㋐きょうは、いつですか。

六月のはじめ

② ㋐きょうは、どんな日《ひ》ですか。

夏 がいきなり
はじまったような
あつい 日《ひ》です。

(2) ㋑たくしあげてについて答《こた》えましょう。

① ㋑たくしあげてとは、どういう意味《いみ》ですか。○をつけましょう。

(○)まくりあげて
(　)のばして

② 何《なに》を ㋑たくしあげていましたか。

白《しろ》い **ワイシャツ** の **そで**。

33頁

白《しろ》いぼうし (3)

名前

● 次《つぎ》の文章《ぶんしょう》を二回《にかい》読《よ》んで、答《こた》えましょう。

1 登場人物《とうじょうじんぶつ》　松井《まつい》さん（うんてんしゅ）・しんし（お客《きゃく》）

「ほう、夏《なつ》みかんてのは、
㋐こんなににおうもの
ですか？」
「もぎたてなのです。きのう、
いなかのおふくろが、
“速達《そくたつ》”でおくってくれ
ました。においまで
わたしにとどけたかったの
でしょう。」

※もぎたて…ねじりとったばかり。

2

㋐「ほう、ほう。」
「あまりうれしかったので、
いちばん大《おお》きいのを、
この車《くるま》にのせてきたの
ですよ。」

(ポプラ社　二〇〇五年発行　ポプラポケット文庫「車のいろは空のいろ　白いぼうし」あまん　きみこ)

1

(1) なぜ、夏《なつ》みかんは㋐こんなににおうものですか。

もぎたてだから。

(2) だれが、夏《なつ》みかんをおくってくれましたか。

いなか の **おふくろ**。

2

(1) ㋐は、だれが言《い》った言葉《ことば》ですか。○をつけましょう。

(　)松井《まつい》さん
(○)しんし

(2) 松井《まつい》さんは、いちばん大《おお》きい夏《なつ》みかんをどうしましたか。

この **車** にのせてきた。

34頁

白《しろ》いぼうし (4)

名前

● 次《つぎ》の文章《ぶんしょう》を二回《にかい》読《よ》んで、答《こた》えましょう。

　しんごうが青《あお》にかわると、
たくさんの車《くるま》が
㋐いっせいに走《はし》りだしました。
その大通《おおどお》りをまがって、
ほそいうら通《どお》りに
はいったところで、
しんしはおりていきました。

(ポプラ社　二〇〇五年発行　ポプラポケット文庫「車のいろは空のいろ　白いぼうし」あまん　きみこ)

(1) ㋐いっせいに走《はし》りだしましたとは、どんな様子《ようす》ですか。○をつけましょう。

(　)一台《いちだい》ずつ走《はし》りだしました。
(○)同時《どうじ》に走《はし》りだしました。

(2) しんしはどこでおりていきましたか。

その **大通り** を
まがって、ほそい
うら通り に
はいったところで、
おりていきました。

35頁

白《しろ》いぼうし (5)

名前

● 次《つぎ》の文章《ぶんしょう》を二回《にかい》読《よ》んで、答《こた》えましょう。

1

　アクセルをふもうと
したとき、松井《まつい》さんは、
㋐はっとしました。
(おや、車道《しゃどう》のあんな
すぐそばに、小《ち》さな
ぼうしがおちているぞ。
㋑風《かぜ》がもうひとふきすれば、
車《くるま》がひいてしまうわい。)

2

　みどりがゆれている
ヤナギの下《した》に、
かわいい
白《しろ》いぼうしが、
ちょこんとおいてあります。
松井《まつい》さんは車《くるま》からでました。

(ポプラ社　二〇〇五年発行　ポプラポケット文庫「車のいろは空のいろ　白いぼうし」あまん　きみこ)

1

(1) 松井《まつ》さんが㋐はっとしたのは、なぜですか。○をつけましょう。

(○)小《ち》さなぼうしがおちているのを見《み》つけたから。
(　)小《ち》さなぼうしを車《くるま》でひいてしまったから。

(2) 松井《まつい》さんは、㋑風《かぜ》がもうひとふきすれば、小《ち》さなぼうしをどうしてしまうと思《おも》いましたか。

車 がひいてしまう。

2

(1) 白《しろ》いぼうしは、どこにおいてありますか。

みどりがゆれている
ヤナギ の下《した》。

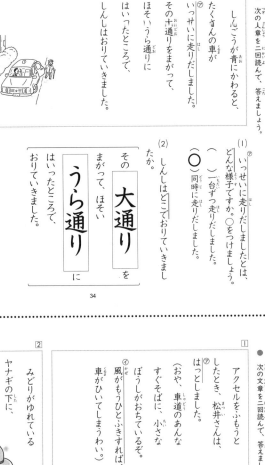

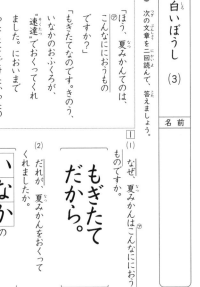

本書の解答は，あくまでもひとつの例です。児童に取り組ませる前に，必ず指導される方が問題を解いてください。指導される方の作られた解答をもとに，児童の多様な考えに寄り添って○つけをお願いします。

36頁

白《しろ》いぼうし (6)

名前

● 次《つぎ》の文章《ぶんしょう》を二回《にかい》読《よ》んで、答《こた》えましょう。

1

そしてぼうしを
㋐つまみあげたとたん、
ふわっとなにかが
㋑とびだしました。
「あれっ!?」
モンシロチョウです。

2

あわててぼうしを
ふりまわしました。
そんな松井《まつい》さんの目《め》のまえを、
チョウは
ひらひら高《たか》くまいあがると、
並木《なみき》のみどりのむこうに
見《み》えなくなってしまいました。

（ポプラ社 二〇〇五年発行 ポプラポケット文庫「車のいろは空のいろ 白いぼうし」あまん きみこ）

1

(1) 松井《まつい》さんが㋐つまみあげたのは、何《なん》ですか。

ぼうし

(2) 何《なに》が㋑とびだしましたか。七文字《しちもじ》で答《こた》えましょう。

モンシロチョウ

2

(1) □にあてはまる言葉《ことば》を書《か》きましょう。

チョウは
ひらひら高《たか》くまいあがると、
並木のみどりの
むこうに
見えなくなって
しまいました。

37頁

白《しろ》いぼうし (7)

名前

● 松井《まつい》さんが、ぼうしをつまみ上《あ》げると、中《なか》からモンシロチョウが飛《と》び出《だ》して、見《み》えなくなってしまいました。
次《つぎ》の文章《ぶんしょう》を二回《にかい》読《よ》んで、答《こた》えましょう。

1

（ははあ、㋐わざわざここに
おいたんだな。）
ぼうしのうらに、
赤《あか》いししゅう糸《いと》で、
小《ちい》さくぬいとりが
してあります。

たけ山《やま》ようちえん　たけのたけお

2

小《ちい》さなぼうしをつかんで、
ためいきをついている
松井《まつい》さんのよこを、ふとった
おまわりさんが、じろじろ
見《み》ながらとおりすぎました。
（㋑せっかくのえものが
いなくなっていたら、
この子《こ》は、どんなに
がっかりするだろう。）

（ポプラ社 二〇〇五年発行 ポプラポケット文庫「車のいろは空のいろ 白いぼうし」あまん きみこ）

1

(1) ㋐わざわざここにおいたのは、何《なん》ですか。

ぼうし

(2) ぼうしのうらに、何《なに》で、ぬいとりがしてありますか。

赤いししゅう糸

2

(1) 松井《まつい》さんのよこを、とおりすぎたのは、だれですか。

ふとったおまわりさん

(2) ㋑せっかくのえものとは、何《なん》ですか。○をつけましょう。

（　）とんぼ
（○）モンシロチョウ

38頁

白《しろ》いぼうし (8)

名前

● 次《つぎ》の文章《ぶんしょう》を二回《にかい》読《よ》んで、答《こた》えましょう。

1

ちょっとのあいだ、
㋐かたをすぼめて
つったっていた松井《まつい》さんは、
なにをおもいついたのか、
いそいで車《くるま》にもどりました。
うんてんせきから
とりだしたのは、
あの夏《なつ》みかんです。
まるであたたかい日《ひ》のひかりを
そのままそめつけたような、
㋑みごとないろでした。
すっぱい、いいにおいが、
風《かぜ》であたりにひろがりました。

2

松井《まつい》さんは、
その夏《なつ》みかんに
白《しろ》いぼうしを
かぶせると、とばないように
㋒石《いし》でつばをおさえました。

（ポプラ社 二〇〇五年発行 ポプラポケット文庫「車のいろは空のいろ 白いぼうし」あまん きみこ）

1

(1) ㋐かたをすぼめてとは、どんな様子《ようす》ですか。○をつけましょう。

（　）しせいがよく、元気《げんき》な様子《ようす》。
（○）元気《げんき》がなく、しょんぼりした様子《ようす》。

(2) 松井《まつい》さんがうんてんせきからとりだしたのは、何《なん》ですか。

夏みかん

(3) ㋑みごとないろとは、どんな色《いろ》でしたか。

まるで**あたたかい**
日《ひ》の**ひかり**を
そのままそめつけたような、
みごとないろでした。

2

(1) ㋒石《いし》でつばをおさえましたとありますが、なぜですか。

白《しろ》いぼうしが
とばない
ようにするため。

39頁

白《しろ》いぼうし (9)

名前

● 次《つぎ》の文章《ぶんしょう》を二回《にかい》読《よ》んで、答《こた》えましょう。

登場人物《とうじょうじんぶつ》　松井《まつい》さん（うんてんしゅ）・おかっぱのかわいい女《おんな》の子《こ》

車《くるま》にもどると、おかっぱの
かわいい女《おんな》の子《こ》が、ちょこんと
㋐うしろのシートにすわって
います。
「道《みち》にまよったの。いっても
いっても、しかくいたてもの
ばかりだもん。」
㋑つかれたような声《こえ》でした。
「ええと、どちらまで？」
「え？……ええ、あの、
あのね、㋒なの花《はな》よこ町《ちょう》って
あるかしら？」
「なの花橋《はなばし》のことですね。」

（ポプラ社 二〇〇五年発行 ポプラポケット文庫「車のいろは空のいろ 白いぼうし」あまん きみこ）

(1) ㋐うしろのシートにすわっていたのは、だれですか。

おかっぱの**かわいい**女《おんな》の子《こ》。

(2) ㋑つかれたような声《こえ》とは、だれの声《こえ》でしたか。○をつけましょう。

（○）女《おんな》の子《こ》
（　）松井《まつい》さん

(3) ㋑つかれたような声《こえ》なのは、なぜですか。

道にまよったから。

(4) ㋒なの花《はな》よこ町《ちょう》を、松井《まつい》さんは何《なん》のことだと答《こた》えましたか。

なの花橋

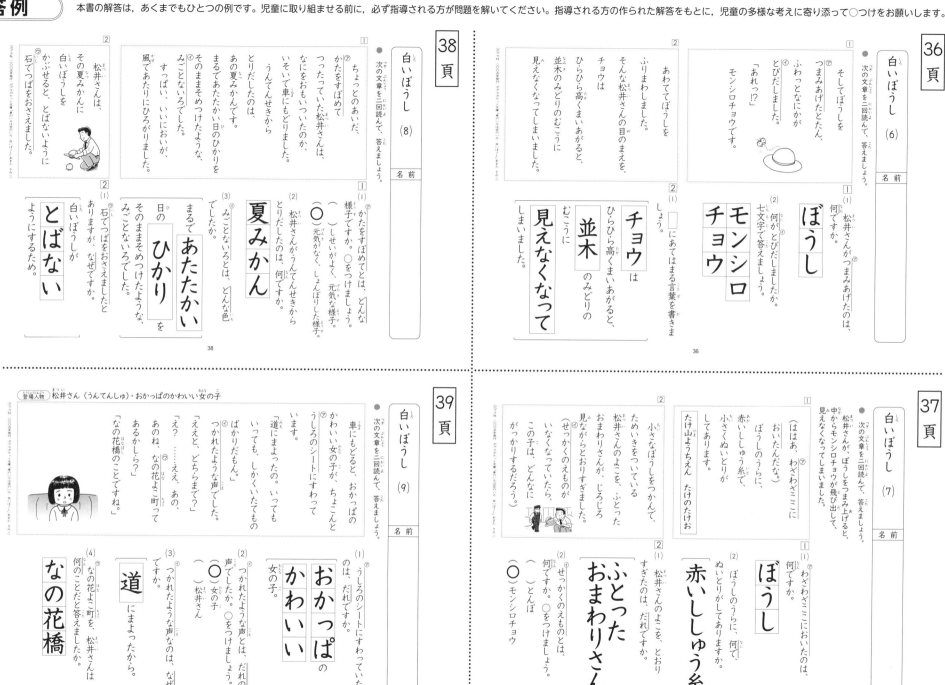

本書の解答は，あくまでもひとつの例です。児童に取り組ませる前に，必ず指導される方が問題を解いてください。指導される方の作られた解答をもとに，児童の多様な考えに寄り添って〇つけをお願いします。

解答例

40頁

白《しろ》いぼうし (10)

名前

次《つぎ》の文章《ぶんしょう》を二回《にかい》読《よ》んで、答《こた》えましょう。

1

エンジンをかけたとき、とおくからげんきそうな男《おとこ》の子《こ》の声《こえ》がちかづいてきました。

「あのぼうしの下《した》さあ。おかあちゃん、ほんとうだよ。ほんとうのチョウチョが、いたんだもん。」

2

水《みず》いろのあたらしい虫《むし》とりあみをかかえた男《おとこ》の子《こ》が、エプロンをつけたままのおかあさんの手《て》を、㋐ぐいぐいひっぱってきます。

「ぼくが、あのぼうしをあけるよ。だから、おかあちゃんは、㋑このあみでおさえてね。あれっ、石《いし》がのせてあらあ。」

（ポプラ社 二〇〇五年発行 ポプラポケット文庫「車のいろは空のいろ 白いぼうし」あまん きみこ）

1

(1) どんな声《こえ》が近《ちか》づいてきましたか。

げんき そうな 男の子 の声《こえ》。

(2) 男《おとこ》の子は、チョウチョがどこにいたと言いましたか。

あの ぼうし の下《した》。

2

(1) ㋐ぐいぐいひっぱってから、男《おとこ》の子のどんな気持《きも》ちが分《わ》かりますか。〇をつけましょう。

(〇) 早《はや》くおかあさんをつれて行《い》きたい。

( ) ゆっくりおかあさんをつれて行きたい。

(2) ㋑このあみでおさえてと言ったのは、なぜですか。〇をつけましょう。

(〇) チョウチョをつかまえるため。

( ) チョウチョをにがすため。

40

41頁

白《しろ》いぼうし (11)

名前

次《つぎ》の文章《ぶんしょう》を二回《にかい》読《よ》んで、答《こた》えましょう。

客《きゃく》せきの女《おんな》の子《こ》が、うしろからのりだして、㋐せかせかといいました。

「はやく、㋑おじちゃん。はやくいってちょうだい。」

松井《まつい》さんは、あわててアクセルをふみました。ヤナギの並木《なみき》が、みるみるうしろにながれていきます。

（ポプラ社 二〇〇五年発行 ポプラポケット文庫「車のいろは空のいろ 白いぼうし」あまん きみこ）

(1) ㋐せかせかといいましたとは、どういう様子《ようす》ですか。〇をつけましょう。

( ) ゆっくりと言《い》う様子《ようす》。

(〇) いそいで言う様子《ようす》。

(2) ㋑おじちゃんとは、だれですか。

松井さん

(3) 松井さんは、あわててどうしましたか。

アクセル を ふみました。

41

42頁

白《しろ》いぼうし (12)

名前

次《つぎ》の文章《ぶんしょう》を二回《にかい》読《よ》んで、答《こた》えましょう。

（おかあさんが虫《むし》とりあみをかまえて、あの子がぼうしをそうっとあけたとき——）

と、ハンドルをまわしながら、松井《まつい》さんはおもいます。

（あの子は、どんなに㋐目《め》をまるくしただろう。）

すると、ぽかっと口《くち》を〇《おー》の字《じ》にあけている男《おとこ》の子《こ》の顔《かお》が、見《み》えてきます。

（おどろいただろうな。㋑まほうのみかんとおもうかな。なにしろ、チョウがばけたんだから——）

（ポプラ社 二〇〇五年発行 ポプラポケット文庫「車のいろは空のいろ 白いぼうし」あまん きみこ）

(1) ㋐目《め》をまるくしただろうとにた意味《いみ》の言葉《ことば》を文中《ぶんちゅう》から書《か》き出《だ》しましょう。

おどろいた だろうな。

(2) 松井《まつい》さんには、男《おとこ》の子のどんな顔《かお》が見えてきますか。

ぽかっと 口を 〇 の 字 に あけている顔。

(3) ㋑まほうのみかんとおもうかなと考《かんが》えたのは、なぜですか。あてはまる言葉《ことば》を□からえらんで書きましょう。

チョウ が みかん に ばけたから。

・みかん ・チョウ

42

43頁

白《しろ》いぼうし (13)

名前

次《つぎ》の文章《ぶんしょう》を二回《にかい》読《よ》んで、答《こた》えましょう。

1

「ふふふっ。」

ひとりでにわらいがこみあげてきました。

でも、つぎに、

「おや。」

松井《まつい》さんはあわてました。バックミラーには、だれもうつっていません。ふりかえっても、だれもいません。

2

㋐「おかしいな。」

松井《まつい》さんは車《くるま》をとめて、考《かんが》えかんがえ、まどのそとを見《み》ました。

（ポプラ社 二〇〇五年発行 ポプラポケット文庫「車のいろは空のいろ 白いぼうし」あまん きみこ）

1

(1) 松井《まつい》さんは、「ふふふっ。」とひとりでに何《なに》がこみあげてきましたか。

わらい

(2) 松井《まつい》さんがあわてたのは、なぜですか。二《ふた》つ書《か》きましょう。

① バックミラーには、だれも うつって いません。

② ふりかえっても、だれも いません。

2

(1) ㋐おかしいなと思《おも》った松井《まつい》さんは、車《くるま》をとめて、どこを見《み》ましたか。

まどのそと

43

解答例

本書の解答は，あくまでもひとつの例です。児童に取り組ませる前に，必ず指導される方が問題を解いてください。指導される方の作られた解答をもとに，児童の多様な考えに寄り添って○つけをお願いします。

44頁

白《しろ》いぼうし　(14)

名前

● 次《つぎ》の文章《ぶんしょう》を二回読《にかいよ》んで、答《こた》えましょう。松井《まつい》さんは車《くるま》を止《と》めて、まどの外《そと》を見《み》ました。

1

㋐そこは、小《ち》さな団地《だんち》のまえの小《ち》さな野原《のはら》でした。
白《しろ》いチョウが、二十《にじゅう》も、三十《さんじゅう》も、いえ、もっとたくさん㋑とんでいました。

2

クローバーが青《あお》あおとひろがり、わた毛《げ》ときいろの花《はな》のまざったタンポポが、てんてんのもようになってさいています。

（ポプラ社　二〇〇五年発行　ポプラポケット文庫「車のいろは空のいろ　白いぼうし」あまん　きみこ）

1

(1) ㋐そこは、どこでしたか。

小《ち》さな **団地** のまえの小《ち》さな **野原** でした。

(2) 何《なに》が㋑とんでいましたか。

白《しろ》い **チョウ**。

2

(1) 青《あお》あおとひろがっているのは、何《なん》ですか。

クローバー

(2) タンポポは、どんなもようになってさいていますか。

てんてん のもよう。

45頁

白《しろ》いぼうし　(15)

名前

● 次《つぎ》の文章《ぶんしょう》を二回読《にかいよ》んで、答《こた》えましょう。

1

その上《うえ》を、おどるようにとんでいるチョウをぼんやり見《み》ているうち、松井《まつい》さんには、こんな声《こえ》がきこえてきました。

2

「よかったね。」
「よかったよ。」
「よかったね。」
「よかったよ。」
それは、シャボン玉《だま》のはじけるような、小《ち》さな小《ち》さな声《こえ》でした。
車《くるま》のなかには、まだかすかに、夏《なつ》みかんの㋐においがのこっています。

（ポプラ社　二〇〇五年発行　ポプラポケット文庫「車のいろは空のいろ　白いぼうし」あまん　きみこ）

1

(1) 松井《まつい》さんは、何《なに》をぼんやり見《み》ていましたか。

おどる ようにとんでいる **チョウ**。

2

(1) 「よかったね。」「よかったよ。」は、どんな声《こえ》でしたか。

シャボン玉 のはじけるような、**小さな小さな** 声《こえ》でした。

(2) 車《くるま》のなかには、まだかすかに、何《なん》の㋐においがのこっていますか。

夏みかん のにおい。

46頁

一《ひと》つの花《はな》　(1)

名前

● 次《つぎ》の文章《ぶんしょう》を二回読《にかいよ》んで、答《こた》えましょう。

1

「一《ひと》つだけ、ちょうだい。」
これが、ゆみ子《こ》のはっきりおぼえた、㋐最初《さいしょ》のことばでした。

2

まだ、戦争《せんそう》のはげしかったころのことです。
㋑そのころは、おまんじゅうだの、キャラメルだの、チョコレートだの、そんなものは、どこへ行《い》ってもありませんでした。おやつどころではありませんでした。食《た》べるものといえば、お米《こめ》のかわりに配給《はいきゅう》される、おいもや、まめや、かぼちゃしかありませんでした。

（ポプラ社　二〇〇五年発行　ポプラポケット文庫「一つの花」今西《いまにし》　祐行《すけゆき》）

1

(1) ゆみ子《こ》がはっきりおぼえた、㋐最初《さいしょ》のことばは、何《なん》ですか。

「**一つだけ、ちょうだい**。」

2

(1) ㋑そのころとは、いつのころですか。

（まだ、）戦争のはげしかったころ。

(2) ㋑そのころは、何《なに》を食《た》べていましたか。三《みっ》つ書《か》きましょう。

おいも

まめ

かぼちゃ

「一つの花」P46～P60はポプラポケット文庫からの引用ですので、教科書とは漢字・ひらがなの表記が異なります。

47頁

一《ひと》つの花《はな》　(2)

名前

● 次《つぎ》の文章《ぶんしょう》を二回読《にかいよ》んで、答《こた》えましょう。

1

毎日《まいにち》、てきの飛行機《ひこうき》がとんできて、ばくだんを落《お》としていきました。
町《まち》は、つぎつぎに焼《や》かれて、灰《はい》になっていきました。

2

ゆみ子《こ》は、いつもおなかをすかしていたのでしょうか。
ごはんのときでも、おやつのときでも、もっと、もっと、といって、㋐いくらでもほしがるのでした。

（ポプラ社　二〇〇五年発行　ポプラポケット文庫「一つの花」今西《いまにし》　祐行《すけゆき》）

1

(1) 毎日《まいにち》、てきの飛行機《ひこうき》は、何《なに》を落《お》としていきましたか。

ばくだん

(2) 町《まち》は、どうなっていきましたか。

町《まち》は、つぎつぎに **焼かれて**、**灰** になっていきました。

2

(1) ㋐いくらでもほしがるについて答《こた》えましょう。

① だれが、ほしがるのですか。

ゆみ子

② 何《なん》と言《い》って、ほしがるのですか。

もっと、**もっと**、

48頁

一《ひと》つの花《はな》 (3)

名前

● 次《つぎ》の文章《ぶんしょう》を二回読《にかいよ》んで、答《こた》えましょう。

すると、ゆみ子《こ》の
おかあさんは、
㋐「じゃあね、一《ひと》つだけよ。」
といって、自分《じぶん》のぶんから
一《ひと》つ、ゆみ子《こ》にわけて
くれるのでした。
「一《ひと》つだけ……。一《ひと》つだけ……。」
と、これが、
㋑おかあさんの口《くち》ぐせに
なってしまいました。
ゆみ子《こ》は知《し》らず知《し》らずの
うちに、おかあさんの、
この口《く》ぐせを
おぼえて
しまったのです。

（ポプラ社 二〇〇五年発行 ポプラポケット文庫「一つの花」今西《いまにし》 祐行《すけゆき》）

(1) ㋐じゃあね、一《ひと》つだけよと言《い》って、おかあさんは、何《なに》をしますか。

自分のぶん から、**一つ** 、**ゆみ子** にわけて くれるのでした。

(2) ㋑おかあさんの口《くち》ぐせについて答《こた》えましょう。

① ㋑おかあさんの口《くち》ぐせは、何《なん》ですか。

一つだけ ……。

② ㋑おかあさんの口《くち》ぐせをおぼえてしまったのは、だれですか。

ゆみ子

49頁

一《ひと》つの花《はな》 (4)

名前

● 次《つぎ》の文章《ぶんしょう》を二回読《にかいよ》んで、答《こた》えましょう。
「一《ひと》つだけ……。」と、ゆみ子《こ》はお母《かあ》さんの口《くち》ぐせを覚《おぼ》えてしまいました。

「なんて
㋐かわいそうな子《こ》でしょうね。
㋑一《ひと》つだけちょうだいと
いえば、なんでも
もらえると思《おも》ってるのね。」
あるとき、おかあさんが
いいました。
すると、おとうさんが、
ふかいため息《いき》をついて
いいました。

（ポプラ社 二〇〇五年発行 ポプラポケット文庫「一つの花」今西《いまにし》 祐行《すけゆき》）

(1) ㋐かわいそうな子《こ》とは、だれのことですか。

ゆみ子

(2) ゆみ子《こ》は、㋑一《ひと》つだけちょうだいと言《い》えば、どうなると思《おも》っていますか。

なんでももらえる。

(3) おかあさんの言葉《ことば》を聞《き》いて、おとうさんは、どうしましたか。

ふかいため息 をついていいました。

50頁

一《ひと》つの花《はな》 (5)

名前

● 次《つぎ》の文章《ぶんしょう》を二回読《にかいよ》んで、答《こた》えましょう。

あ
「この子《こ》は、一生《いっしょう》、
みんなちょうだい、
山《やま》はどちょうだいといって、
両手《りょうて》をだすことを知《し》らずに
すごすかもしれないね。
……一《ひと》つだけのいも、
一《ひと》つだけのにぎりめし、
一《ひと》つだけのかぼちゃの
煮《に》つけ……。
みんな一《ひと》つだけ。
一《ひと》つだけのよろこびさ。
いや、よろこびなんて、
一《ひと》つだってもらえないかも
しれないんだね。
いったい、大《おお》きくなって、
どんな子《こ》にそだつだろう。」
そんなとき、
おとうさんはきまって、
㋐ゆみ子《こ》をめちゃくちゃに
たかいたかいするのでした。

（ポプラ社 二〇〇五年発行 ポプラポケット文庫「一つの花」今西《いまにし》 祐行《すけゆき》）

(1) あは、だれが言《い》った言葉《ことば》ですか。○をつけましょう。

（　）ゆみ子
（○）おとうさん

(2) □にあてはまる言葉《ことば》を書《か》きましょう。

一《ひと》つだけのよろこびさ。
いや、**よろこび**
なんて、一《ひと》つだって
もらえない
かもしれないんだね。
いったい、大《おお》きくなって、
どんな子 に
そだつだろう。

(3) おとうさんは㋐ゆみ子《こ》をどうするのですか。

ゆみ子をめちゃくちゃに
たかいたかい
するのでした。

51頁

一《ひと》つの花《はな》 (6)

名前

● 次《つぎ》の文章《ぶんしょう》を二回読《にかいよ》んで、答《こた》えましょう。

1

それからまもなく、
あまりじょうぶでない
ゆみ子《こ》のおとうさんも、
戦争《せんそう》に行《い》かなければ
ならない日《ひ》が、
やってきました。

2

おとうさんが戦争《せんそう》に行《い》く日《ひ》、
ゆみ子《こ》は、おかあさんに
おぶわれて、
とおい汽車《きしゃ》のえきまで、
㋐おくっていきました。
頭《あたま》には、おかあさんの
つくってくれた、
わたいれの防空《ぼうくう》ずきんを
㋑かぶって
いきました。
※おぶう…せおう。

（ポプラ社 二〇〇五年発行 ポプラポケット文庫「一つの花」今西《いまにし》 祐行《すけゆき》）

1

(1) だれが、戦争《せんそう》に行《い》かなければならないのですか。

あまり
じょうぶでない
ゆみ子《こ》の
おとうさん 。

2

(1) ゆみ子《こ》は、おとうさんを㋐どこまでおくっていきましたか。

とおい汽車のえき

(2) ゆみ子《こ》は、頭《あたま》に何《なに》を㋑かぶっていきましたか。

おかあさん の
つくってくれた、わたいれの
防空ずきん 。

解答例

本書の解答は，あくまでもひとつの例です。児童に取り組ませる前に，必ず指導される方が問題を解いてください。指導される方の作られた解答をもとに，児童の多様な考えに寄り添って○つけをお願いします。

52頁

一《ひと》つの花《はな》 (7)

名前

● 次《つぎ》の文章《ぶんしょう》を二回《にかい》読《よ》んで、答《こた》えましょう。

1

おかあさんのかたに
かかっているかばんには、
ほうたい、おくすり、
配給《はいきゅう》のきっぷ、そして、
だいじなお米《こめ》でつくった、
おにぎりがはいっていました。

2

ゆみ子《こ》は、おにぎりが
はいっているのを、
ちゃあんと
㋐知《し》っていましたので、
「一《ひと》つだけちょうだい。
おじぎり、一《ひと》つだけ
ちょうだい。」
といって、えきにつくまでに
みんな食《た》べてしまいました。

（ポプラ社　二〇〇五年発行　ポプラポケット文庫　「一つの花」今西《いまにし》　祐行《すけゆき》）

1 (1) かばんにはいっているのは何《なん》ですか。四《よっ》つ書《か》きましょう。

・ほうたい
・おくすり
・配給のきっぷ
・おにぎり

2 (1) ゆみ子《こ》は、何《なに》を㋐知《し》っていましたか。

かばんに おにぎり がはいっていること。

(2) ゆみ子《こ》は、おにぎりをどうしましたか。

えき につくまでに、みんな 食べて しまいました。

53頁

一《ひと》つの花《はな》 (8)

名前

● 次《つぎ》の文章《ぶんしょう》を二回《にかい》読《よ》んで、答《こた》えましょう。

1

おかあさんは、
戦争《せんそう》に行《い》くおとうさんに、
ゆみ子《こ》のなき顔《がお》を
㋐見《み》せたくなかったので
しょうか。

2

えきには、ほかにも
戦争《せんそう》に行《い》く人《ひと》があって、
人《ひと》ごみのなかから、
ときどき、バンザイの声《こえ》が
おこりました。
また、べつのほうからは、
たえずいさましい軍歌《ぐんか》が
きこえてきました。

（ポプラ社　二〇〇五年発行　ポプラポケット文庫　「一つの花」今西《いまにし》　祐行《すけゆき》）

1 (1) おかあさんは、おとうさんに何《なに》を㋐見《み》せたくなかったのでしょうかと書《か》かれていますか。

ゆみ子 の なき顔。

2 (1) 人《ひと》ごみのなかから、ときどきおこったのは、何《なん》ですか。

バンザイ の声《こえ》。

(2) べつのほうからきこえてきたのは、何《なん》ですか。

いさましい 軍歌《ぐんか》。

54頁

一《ひと》つの花《はな》 (9)

名前

● 次《つぎ》の文章《ぶんしょう》を二回《にかい》読《よ》んで、答《こた》えましょう。

1

ゆみ子《こ》とおかあさんの
ほかに見《み》おくりのない
おとうさんは、
プラットホームの
はしのほうで、
ゆみ子《こ》をだいて、
そんなばんざいや、
軍歌《ぐんか》の声《こえ》にあわせて、
小《ちい》さくばんざいをしたり、
歌《うた》をうたったりしていました。
まるで、戦争《せんそう》になんか
行《い》く人《ひと》ではないかのように……。

2

ところが、いよいよ汽車《きしゃ》が
はいってくるというときに
なって、また、ゆみ子《こ》の
「一《ひと》つだけちょうだい。」が、
はじまったのです。

（ポプラ社　二〇〇五年発行　ポプラポケット文庫　「一つの花」今西《いまにし》　祐行《すけゆき》）

1 (1) おとうさんを見《み》おくりにきたのはだれとだれですか。

ゆみ子 と おかあさん。

(2) おとうさんの様子《ようす》にあてはまる言葉《ことば》を、□に書《か》きましょう。

まるで、戦争 になんか行《い》く人《ひと》では ない かのように……。

2 (1) いよいよ汽車《きしゃ》がはいってくるというときになって、ゆみ子《こ》の何《なに》がはじまったのですか。

「一つだけちょうだい。」

55頁

一《ひと》つの花《はな》 (10)

名前

● 次《つぎ》の文章《ぶんしょう》を二回《にかい》読《よ》んで、答《こた》えましょう。

1

「みんなおやりよ、かあさん。
おにぎりを……。」
おとうさんがいいました。
「ええ、㋐もう食《た》べちゃったん
ですの……。
ゆみちゃん、いいわねえ、
おとうちゃん、
へいたいちゃんに
なるんだって、
ばんざーいって……。」

2

おかあさんはそういって、
ゆみ子《こ》をあやしましたが、
ゆみ子《こ》はとうとうなきだして
しまいました。
「一《ひと》つだけ……。
一《ひと》つだけ……。」
といって。

（ポプラ社　二〇〇五年発行　ポプラポケット文庫　「一つの花」今西《いまにし》　祐行《すけゆき》）

1 (1) だれが何《なに》を㋐もう食《た》べちゃったのですか。

ゆみ子 が おにぎり をもう食《た》べちゃったのです。

(2) おかあさんはゆみ子《こ》に、おとうさんが、何《なに》になるといいましたか。

へいたい ちゃん

2 (1) おかあさんは、ゆみ子《こ》をあやしましたが、ゆみ子《こ》はどうしてしまいましたか。

ゆみ子《こ》はとうとう なきだして しまいました。

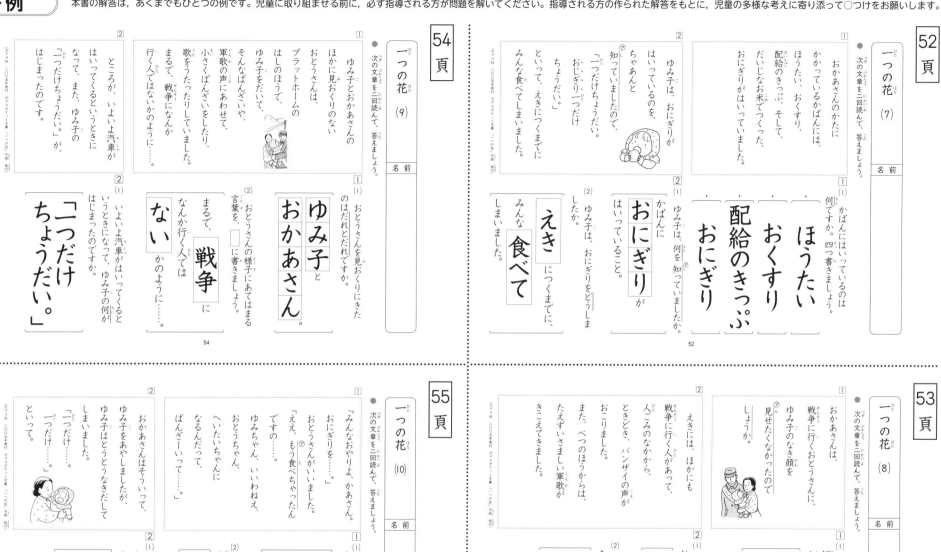

56 頁

一《ひと》つの花《はな》 (11)

● 次《つぎ》の文章《ぶんしょう》を二回《にかい》読《よ》んで、答《こた》えましょう。

名前

[1]
おかあさんが、ゆみ子《こ》を
いっしょうけんめいあやして
いるうちに、おとうさんが、
ぷいといなくなって
しまいました。

[2]
おとうさんは、
プラットホームのはしっぽの、
ごみすて場《ば》のようなところに、
わすれられたように
さいていた、コスモスの花《はな》を
㋐見《み》つけたのです。
あわててかえってきた
おとうさんの手《て》には、
一《いち》りんのコスモスの花《はな》が
ありました。

（ポプラ社　二〇〇五年発行　ポプラポケット文庫「一つの花」今西祐行《いまにしすけゆき》）

[1] (1) おかあさんが、ゆみ子《こ》をあやしているうちに、おとうさんが、どうなってしまいましたか。

おとうさんが、[ぷい]と[いなくなって]しまいました。

[2] (1) ㋐見《み》つけたについて答《こた》えましょう。

① 何《なに》を見《み》つけたのですか。

[コスモス]の花《はな》。

② だれが見《み》つけたのですか。

[おとうさん]

(2) おとうさんの手《て》には、何《なに》がありましたか。

[一りん]の[コスモス]の花《はな》。

57 頁

一《ひと》つの花《はな》 (12)

● 次《つぎ》の文章《ぶんしょう》を二回《にかい》読《よ》んで、答《こた》えましょう。

名前

[1]
㋐「ゆみ。さあ、
一《ひと》つだけあげよう。
一《ひと》つだけのお花《はな》、
だいじにするんだよう……。」
ゆみ子は、おとうさんに
花《はな》をもらうと、
きゃっきゃっと、
足《あし》をばたつかせて
よろこびました。

[2]
おとうさんは、それを㋐見《み》て、
にっこりわらうと、
なにもいわずに汽車《きしゃ》にのって
行《い》ってしまいました。
ゆみ子のにぎっている
一《ひと》つの花《はな》を
見《み》つめ
ながら……。

（ポプラ社　二〇〇五年発行　ポプラポケット文庫「一つの花」今西祐行）

[1] (1) ㋐は、だれが言《い》った言葉《ことば》ですか。

[おとうさん]

(2) ゆみ子は、おとうさんに花《はな》をもらうと、どのようによろこびましたか。

[きゃっきゃっ]と、[足]をばたつかせてよろこびました。

[2] (1) ㋐それとは、何《なに》を表《あらわ》していますか。○をつけましょう。

(○)ゆみ子のよろこぶすがた。
(　)のって行《い》く汽車《きしゃ》。

(2) お父《とう》さんは、何《なに》を見《み》つめながら汽車《きしゃ》にのって行ってしまいましたか。

[ゆみ子]のにぎっている[一つの花]。

58 頁

一《ひと》つの花《はな》 (13)

● 次《つぎ》の文章《ぶんしょう》を二回《にかい》読《よ》んで、答《こた》えましょう。

名前

それから、十年《じゅうねん》の年月《としつき》が
すぎました。
㋐ゆみ子はおとうさんの
かおをおぼえていません。
自分《じぶん》におとうさんが
あったことも、あるいは
知《し》らないのかもしれません。
でも、いま、ゆみ子の
とんとんぶきの小《ちい》さな家《いえ》は、
コスモスの花《はな》で
いっぱいに
つつまれています。

※とんとんぶき…
かわらの代《か》わりに、うすい木《き》の板《いた》を
打《う》ちつけた、そまつな屋根《やね》。

（ポプラ社　二〇〇五年発行　ポプラポケット文庫「一つの花」今西祐行）

(1) ㋐ゆみ子はおとうさんのかおをおぼえていませんとありますが、どんなことが考《かんが》えられますか。○をつけましょう。

(　)おとうさんが戦争《せんそう》からもどって来《き》た。
(○)おとうさんは戦争《せんそう》からもどって来なかった。

(2) 今《いま》のゆみ子《こ》の家《いえ》は、どんな様子《ようす》ですか。

とんとんぶきの小《ちい》さな家《いえ》は、[コスモス]の花《はな》で[いっぱい]につつまれています。

(3) 今《いま》のゆみ子《こ》の家《いえ》の様子《ようす》から、どんなことが考《かんが》えられますか。○をつけましょう。

(　)まだ戦争《せんそう》がつづいている。
(○)平和《へいわ》にくらしている。

59 頁

一《ひと》つの花《はな》 (14)

● 次《つぎ》の文章《ぶんしょう》を二回《にかい》読《よ》んで、答《こた》えましょう。

名前

[1]
そこからミシンの音《おと》が、
たえず、早《はや》くなったり
おそくなったり、
まるでなにかおはなしを
しているかのように
きこえてきます。
それはあの
おかあさんでしょうか。

[2]
「かあさん、
おにくとおさかなと、
どっちがいいの。」
と、ゆみ子のたかい声《こえ》が、
コスモスのなかから
きこえて
きました。

（ポプラ社　二〇〇五年発行　ポプラポケット文庫「一つの花」今西祐行）

[1] (1) 早《はや》くなったり、おそくなったりきこえてくるのは、何《なん》の音《おと》ですか。

[ミシン]

(2) ミシンの音《おと》は、何《なに》をしているかのようにきこえてきますか。

まるでなにか[おはなし]をしているかのようにきこえてきます。

[2] (1) ゆみ子の言《い》った言葉《ことば》を書《か》きましょう。

「かあさん、[おにく]と、[おさかな]と
どっちがいいの。」

解答例

本書の解答は，あくまでもひとつの例です。児童に取り組ませる前に，必ず指導される方が問題を解いてください。指導される方の作られた解答をもとに，児童の多様な考えに寄り添って○つけをお願いします。

60頁（61～66頁は略）

一つの花 (15)

名前

● 次《つぎ》の文章《ぶんしょう》を二回《にかい》読《よ》んで、答《こた》えましょう。

すると、ミシンの音《おと》が
しばらくやみました。
㋐やがて、ミシンの音《おと》が
またいそがしく
はじまったとき、
買《か》い物《もの》かごを
さげたゆみ子《こ》が、
スキップをしながら、
コスモスのトンネルを
㋑くぐってでてきました。
そして、町《まち》のほうへ
行《い》きました。
きょうは、㋒日曜日《にちようび》、
ゆみ子《こ》が
小《ちい》さなおかあさんになって、
おひるをつくる日《ひ》です。

（ポプラ社　二〇〇五年発行　ポプラポケット文庫「一つの花」今西《いまにし》祐行《すけゆき》）

(1) ㋐やがて、ミシンの音《おと》はどうなりましたか。○をつけましょう。
（　）しばらくやみました。
（○）またいそがしくはじまりました。

(2) ゆみ子《こ》は、どこを㋑くぐってでてきましたか。
［コスモス］の［トンネル］。

(3) ㋒日曜日《にちようび》は、どんな日《ひ》ですか。
ゆみ子《こ》が小《ちい》さな［おかあさん］になって、［おひる］をつくる日《ひ》です。

67頁

漢字《かんじ》辞典《じてん》の使《つか》い方《かた》 (1)

名前

(1) 漢字《かんじ》辞典《じてん》で「湖」を調《しら》べます。①～③はどの引《ひ》き方《かた》にあてはまりますか。――線《せん》でむすびましょう。

［湖］

① 訓読《くんよ》み「みずうみ」または、音読《おんよ》み「コ」から調《しら》べる。 ―― 「音訓《おんくん》さくいん」で引《ひ》く。
② 部首《ぶしゅ》の画数《かくすう》を数《かぞ》える。「氵」なので三画《さんかく》です。 ―― 「部首《ぶしゅ》さくいん」で引《ひ》く。
③ 「湖」の総画数《そうかくすう》は、十二画《じゅうにかく》です。十二画《じゅうにかく》のページからわかる。 ―― 「総画《そうかく》さくいん」で引《ひ》く。

(2) 次《つぎ》の漢字《かんじ》を「部首《ぶしゅ》さくいん」で調《しら》べます。それぞれの部首《ぶしゅ》と部首《ぶしゅ》の画数《かくすう》、部首名《ぶしゅめい》を書《か》きましょう。

① 国　［口］（くにがまえ）　三画
② 作　［亻］（にんべん）　二画
③ 池　［氵］（さんずい）　三画
④ 茶　［艹］（くさかんむり）　三画
⑤ 語　［言］（ごんべん）　七画
⑥ 宮　［宀］（うかんむり）　三画
⑦ 庭　［广］（まだれ）　三画
⑧ 開　［門］（もんがまえ）　八画

68頁（69・70頁は略）

漢字《かんじ》辞典《じてん》の使《つか》い方《かた》 (2)

名前

● 次《つぎ》の漢字を「部首さくいん」で調《しら》べます。〈例《れい》〉のように□から選《えら》んで部首を□に、部首名《ぶしゅめい》を（　）に書きましょう。また、漢字《かんじ》の部首の画数《かくすう》を［　］に書きましょう。

〈例《れい》〉 思　［心］　部首名《ぶしゅめい》（こころ）　四画
① 国　［口］（くにがまえ）　三画
② 作　［亻］（にんべん）　二画
③ 池　［氵］（さんずい）　三画
④ 茶　［艹］（くさかんむり）　三画
⑤ 語　［言］（ごんべん）　七画
⑥ 宮　［宀］（うかんむり）　三画
⑦ 庭　［广］（まだれ）　三画
⑧ 開　［門］（もんがまえ）　八画
⑨ 雪　［雨］（あめかんむり）　八画

・口（くにがまえ）　・心（こころ）　・氵（さんずい）　・雨（あめかんむり）　・言（ごんべん）
・宀（うかんむり）　・广（まだれ）　・門（もんがまえ）　・艹（くさかんむり）　・亻（にんべん）

71頁

都道府県《とどうふけん》のローマ字《じ》・読《よ》み方《かた》 (1)

名前

● 次《つぎ》の都道府県名《とどうふけんめい》のローマ字《じ》をなぞって、（　）にひらがなで書《か》きましょう。

北海道《ほっかいどう》・東北地方《とうほくちほう》

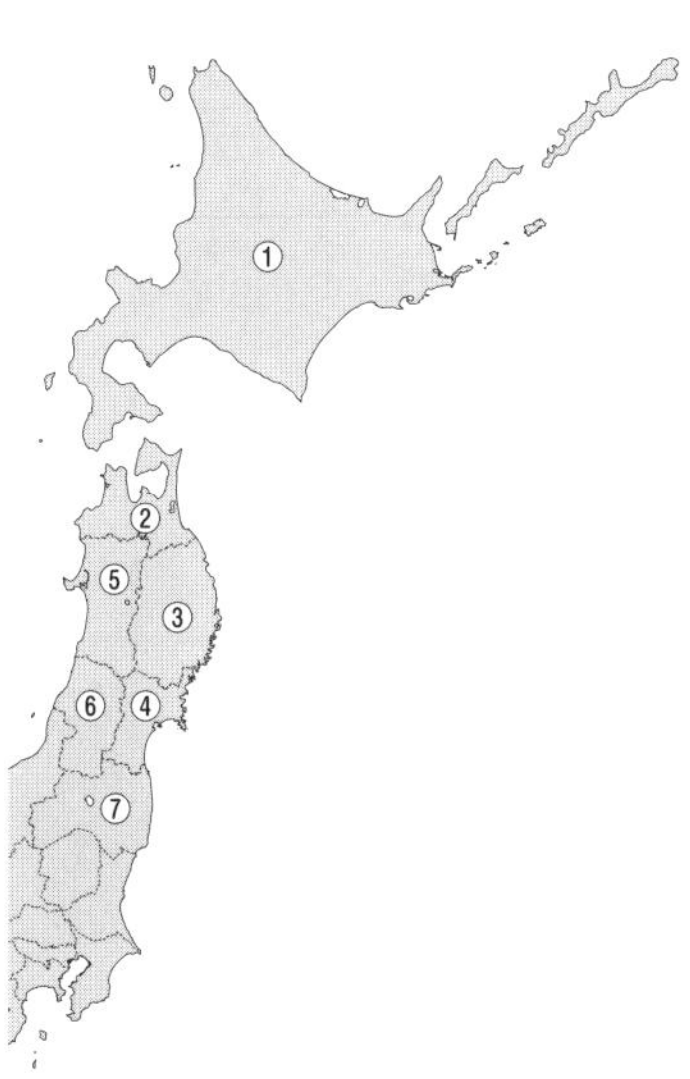

① 北海道《ほっかいどう》 Hokkaidô （ほっかいどう）
② 青森県《あおもりけん》 Aomori-ken （あおもりけん）
③ 岩手県《いわてけん》 Iwate-ken （いわてけん）
④ 宮城県《みやぎけん》 Miyagi-ken （みやぎけん）
⑤ 秋田県《あきたけん》 Akita-ken （あきたけん）
⑥ 山形県《やまがたけん》 Yamagata-ken （やまがたけん）
⑦ 福島県《ふくしまけん》 Hukusima-ken （ふくしまけん）

72頁

都道府県《とどうふけん》のローマ字《じ》・読《よ》み方《かた》 (2)

名前

● 次《つぎ》の都道府県名《とどうふけんめい》のローマ字《じ》をなぞって、（　）にひらがなで書《か》きましょう。

関東地方《かんとうちほう》

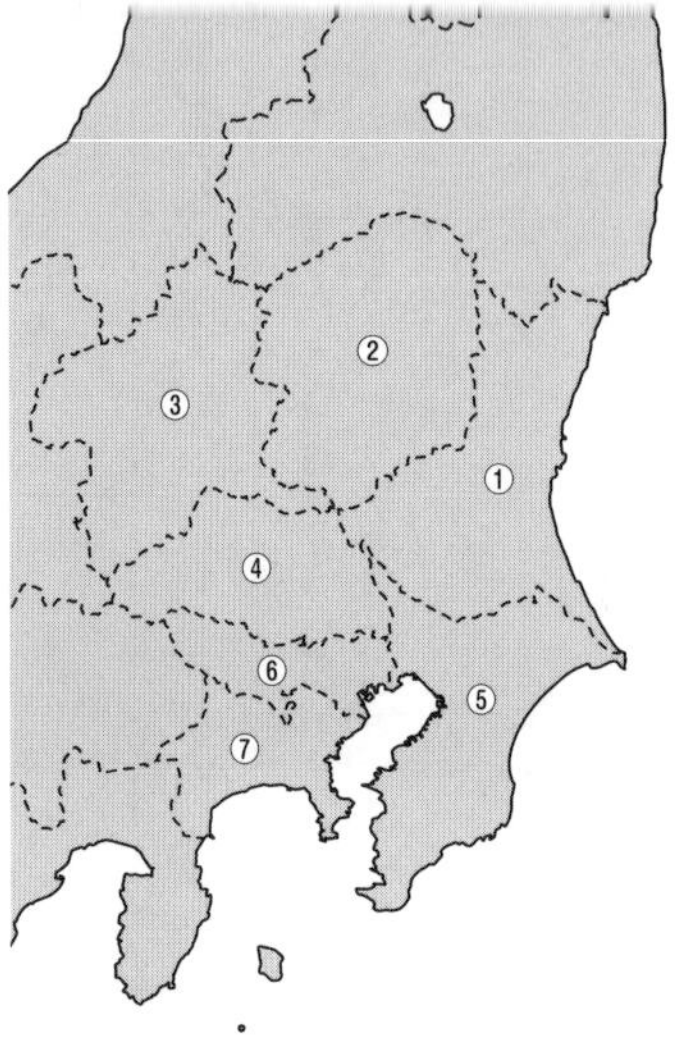

① 茨城県《いばらきけん》
Ibaraki-ken
（いばらきけん）

② 栃木県《とちぎけん》
Totigi-ken
（とちぎけん）

③ 群馬県《ぐんまけん》
Gunma-ken
（ぐんまけん）

④ 埼玉県《さいたまけん》
Saitama-ken
（さいたまけん）

⑤ 千葉県《ちばけん》
Tiba-ken
（ちばけん）

⑥ 東京都《とうきょうと》
Tôkyô-to
（とうきょうと）

⑦ 神奈川県《かながわけん》
Kanagawa-ken
（かながわけん）

72

73頁

都道府県《とどうふけん》のローマ字《じ》・読《よ》み方《かた》 (3)

名前

● 次《つぎ》の都道府県名《とどうふけんめい》のローマ字《じ》をなぞって、（　）にひらがなで書《か》きましょう。

中部地方《ちゅうぶちほう》

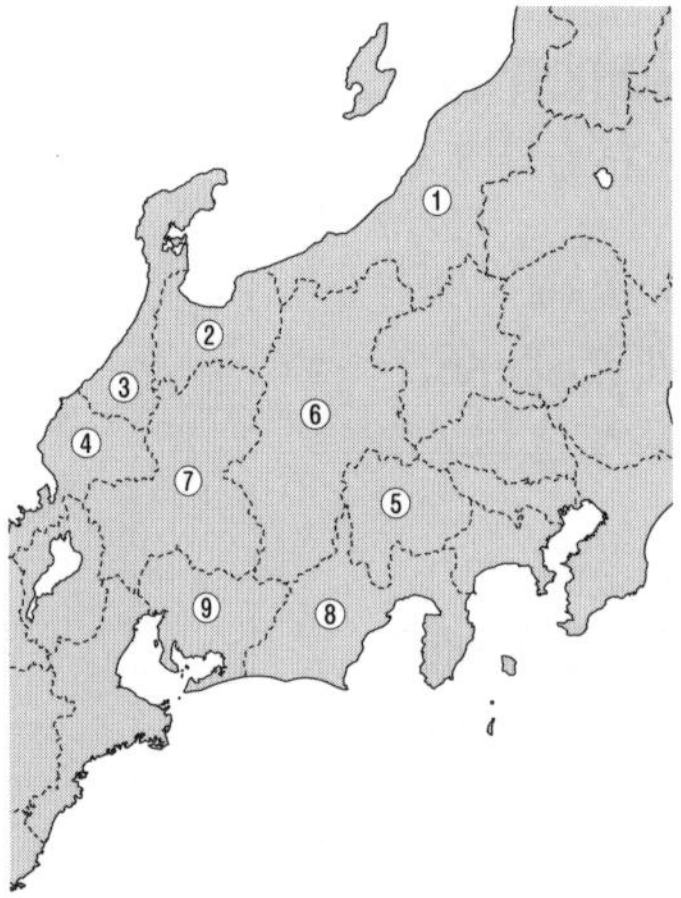

① 新潟県《にいがたけん》
Nîgata-ken
（にいがたけん）

② 富山県《とやまけん》
Toyama-ken
（とやまけん）

③ 石川県《いしかわけん》
Isikawa-ken
（いしかわけん）

④ 福井県《ふくいけん》
Hukui-ken
（ふくいけん）

⑤ 山梨県《やまなしけん》
Yamanasi-ken
（やまなしけん）

⑥ 長野県《ながのけん》
Nagano-ken
（ながのけん）

⑦ 岐阜県《ぎふけん》
Gihu-ken
（ぎふけん）

⑧ 静岡県《しずおかけん》
Sizuoka-ken
（しずおかけん）

⑨ 愛知県《あいちけん》
Aiti-ken
（あいちけん）

73

74頁

都道府県《とどうふけん》のローマ字《じ》・読《よ》み方《かた》 (4)

名前

● 次《つぎ》の都道府県名《とどうふけんめい》のローマ字《じ》をなぞって、（　）にひらがなで書《か》きましょう。

近畿地方《きんきちほう》

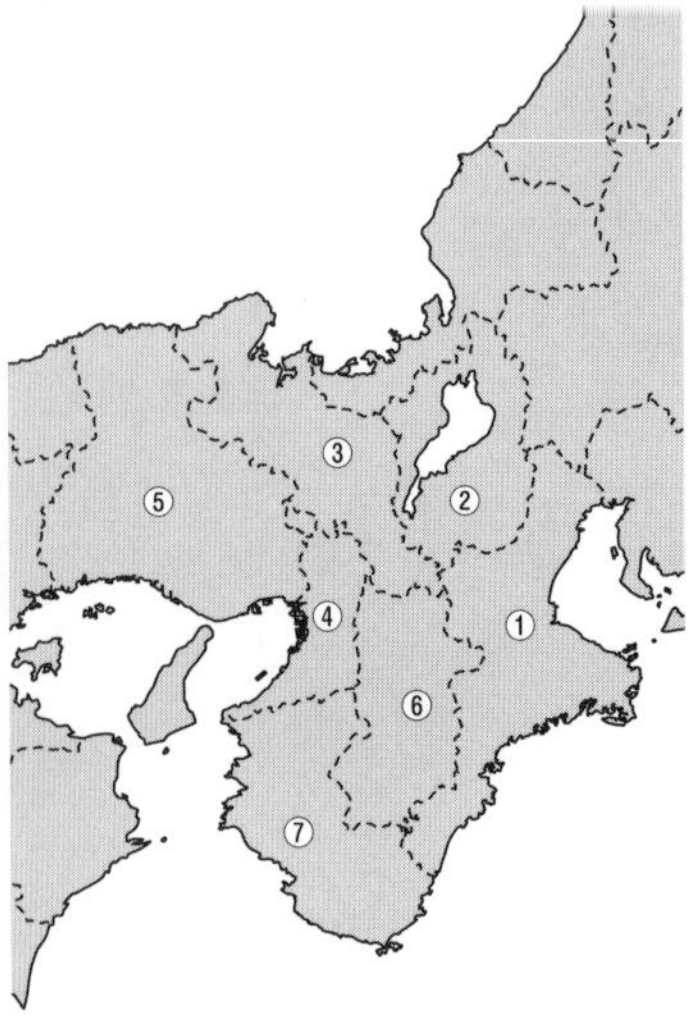

① 三重県《みえけん》
Mie-ken
（みえけん）

② 滋賀県《しがけん》
Siga-ken
（しがけん）

③ 京都府《きょうとふ》
Kyôto-hu
（きょうとふ）

④ 大阪府《おおさかふ》
Ôsaka-hu
（おおさかふ）

⑤ 兵庫県《ひょうごけん》
Hyôgo-ken
（ひょうごけん）

⑥ 奈良県《ならけん》
Nara-ken
（ならけん）

⑦ 和歌山県《わかやまけん》
Wakayama-ken
（わかやまけん）

74

75頁

都道府県《とどうふけん》のローマ字《じ》・読《よ》み方《かた》 (5)

名前

● 次《つぎ》の都道府県名《とどうふけんめい》のローマ字《じ》をなぞって、（　）にひらがなで書《か》きましょう。

中国《ちゅうごく》・四国地方《しこくちほう》

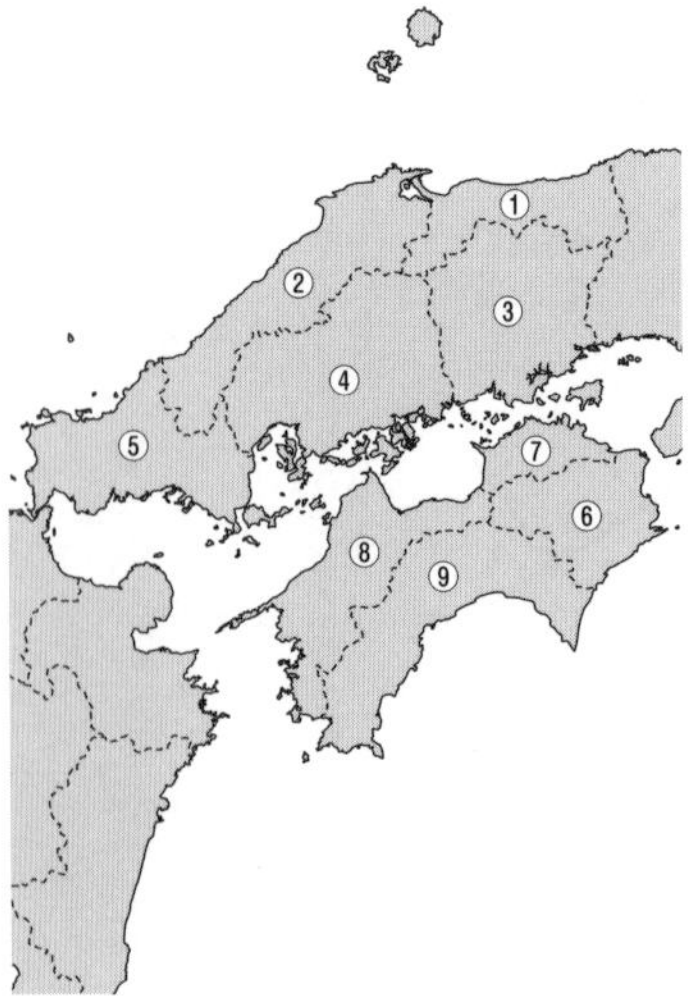

① 鳥取県《とっとりけん》
Tottori-ken
（とっとりけん）

② 島根県《しまねけん》
Simane-ken
（しまねけん）

③ 岡山県《おかやまけん》
Okayama-ken
（おかやまけん）

④ 広島県《ひろしまけん》
Hirosima-ken
（ひろしまけん）

⑤ 山口県《やまぐちけん》
Yamaguti-ken
（やまぐちけん）

⑥ 徳島県《とくしまけん》
Tokusima-ken
（とくしまけん）

⑦ 香川県《かがわけん》
Kagawa-ken
（かがわけん）

⑧ 愛媛県《えひめけん》
Ehime-ken
（えひめけん）

⑨ 高知県《こうちけん》
Kôti-ken
（こうちけん）

75

本書の解答は，あくまでもひとつの例です。児童に取り組ませる前に，必ず指導される方が問題を解いてください。指導される方の作られた解答をもとに，児童の多様な考えに寄り添って○つけをお願いします。

76頁 （77～82頁は略）

都道府県《とどうふけん》のローマ字《じ》・読《よ》み方《かた》 (6)

名前

● 次《つぎ》の都道府県名《とどうふけんめい》のローマ字《じ》をなぞって，（　）にひらがなで書《か》きましょう。

九州《きゅうしゅう》・沖縄地方《おきなわちほう》

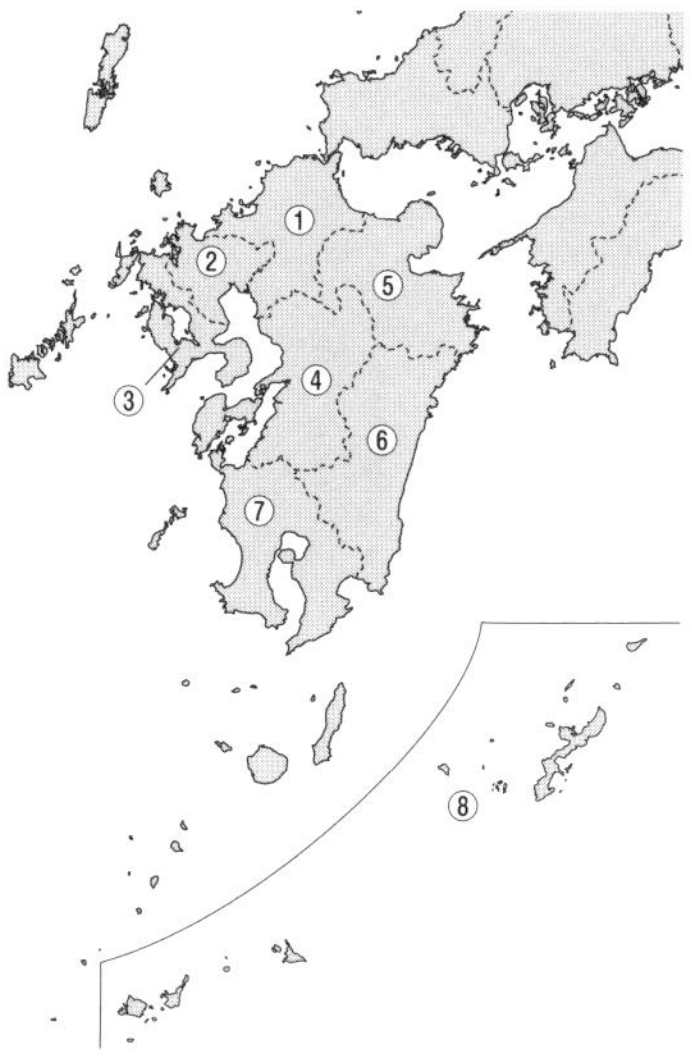

① 福岡県《ふくおかけん》 Hukuoka-ken （ふくおかけん）

② 佐賀県《さがけん》 Saga-ken （さがけん）

③ 長崎県《ながさきけん》 Nagasaki-ken （ながさきけん）

④ 熊本県《くまもとけん》 Kumamoto-ken （くまもとけん）

⑤ 大分県《おおいたけん》 Ôita-ken （おおいたけん）

⑥ 宮崎県《みやざきけん》 Miyazaki-ken （みやざきけん）

⑦ 鹿児島県《かごしまけん》 Kagosima-ken （かごしまけん）

⑧ 沖縄県《おきなわけん》 Okinawa-ken （おきなわけん）

83頁

つなぎ言葉《ことば》 (1)

名前

● 次《つぎ》の文《ぶん》にあうつなぎ言葉《ことば》を選《えら》んで，○でかこみましょう。

① わたしは，動物《どうぶつ》が好《す》きだ。｛（だから）・しかし｝犬《いぬ》をかっている。

② 買《か》い物《もの》に行《い》った。｛（けれども）・それに｝ほしい物《もの》が見《み》つからなかった。

③ 夕《ゆう》はんに肉《にく》を食《た》べますか。｛ところで・（それとも）｝魚《さかな》を食《た》べますか。

④ 雨《あめ》がふってきた。｛つまり・（それに）｝風《かぜ》もふいてきた。

⑤ 雨《あめ》がふりそうだ。｛（しかし）・だから｝かさを持《も》って行《い》かない。

⑥ 今《いま》から夕《ゆう》ごはんを食《た》べます。｛（ところで）・つまり｝こん立《だ》ては何《なん》ですか。

84頁

つなぎ言葉《ことば》 (2)

名前

● 次《つぎ》の文《ぶん》の―線《せん》のつなぎ言葉《ことば》と同《おな》じはたらきをする言葉《ことば》を，□の中《なか》から選《えら》んで□に書《か》きましょう。

①

㋐ のどがかわいた。それで水《みず》を飲《の》んだ。 **だから**

㋑ 友《とも》だちはサッカーがとくいだ。しかも絵《え》をかくのもうまい。 **それに**

㋒ ぼうしは何色《なにいろ》にしますか。赤《あか》にしますか。または白《しろ》にしますか。 **あるいは**

・だから　・あるいは　・それに

②

㋐ 動物園《どうぶつえん》に行《い》った。けれども休園日《きゅうえんび》だった。 **しかし**

㋑ 明日《あす》は雨《あめ》か。あるいは晴《は》れか。 **それとも**

㋒ 寒《さむ》くなってきた。だからセーターを着《き》た。 **それで**

・それで　・しかし　・それとも

85頁

つなぎ言葉《ことば》 (3)

名前

● 次《つぎ》の文《ぶん》にあうつなぎ言葉《ことば》を□から選《えら》んで□に書《か》きましょう。
（□のつなぎ言葉《ことば》は一回《いっかい》ずつしか使《つか》えません。）

①

㋐ 今朝《けさ》は寒《さむ》い。 **けれども** 上着《うわぎ》を着《き》なかった。

㋑ 今朝《けさ》は寒《さむ》い。 **だから** たくさん服《ふく》を着《き》て出《で》かけた。

㋒ 今朝《けさ》は寒《さむ》い。 **しかも** 雪《ゆき》がふりそうだ。

・だから　・しかも　・けれども

②

㋐ ひなたさんは水泳《すいえい》が上手《じょうず》だ。 **それに** 絵《え》をかくのも上手《じょうず》だ。

㋑ ひなたさんは水泳《すいえい》が上手《じょうず》だ。 **しかし** 走《はし》るのは苦手《にがて》だ。

㋒ ひなたさんは水泳《すいえい》が上手《じょうず》だ。 **そのため** 水泳大会《すいえいたいかい》に出《で》ることになった。

・しかし　・それに　・そのため

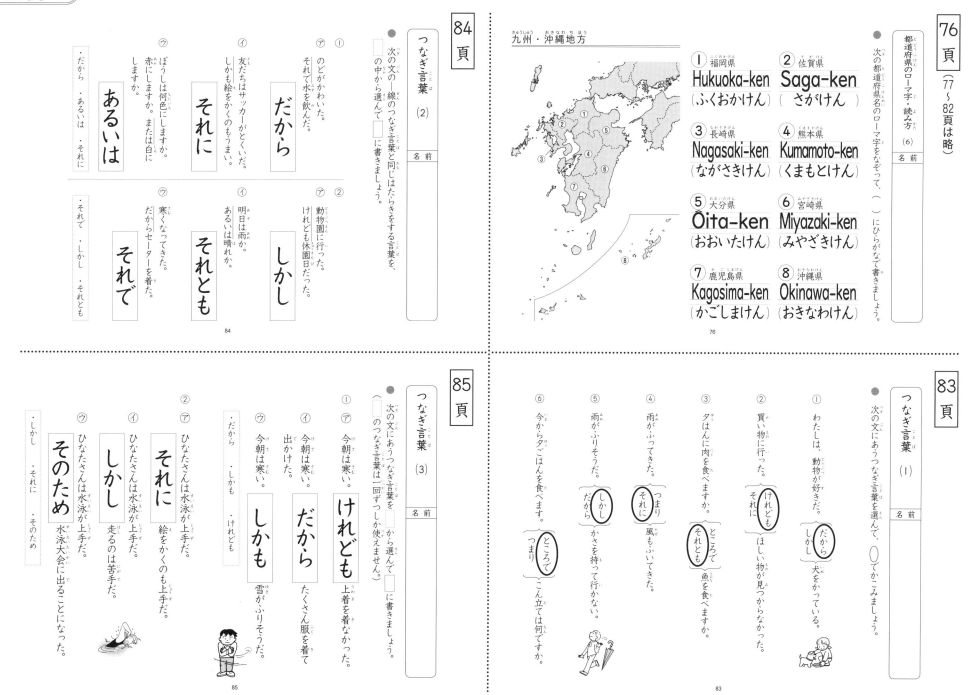

解答例

86頁

つなぎ言葉《ことば》 (4)

名前

● 次《つぎ》の文《ぶん》にあうつなぎ言葉《ことば》を□から選《えら》んで□に書《か》きましょう。
（□のつなぎ言葉《ことば》は一回《いっかい》ずつしか使《つか》えません。）

① ㋐ バスに乗《の》ろうか。**それとも**歩《ある》いて行《い》こうか。

㋑ この人《ひと》は、わたしのお母《かあ》さんのお母《かあ》さん。**つまり**わたしのおばあさんです。

㋒ 今日《きょう》の話《はなし》は、ここまでです。**ところで**わからないところはありませんか。

・つまり　・ところで　・それとも

② ㋐ たくさん走《はし》る練習《れんしゅう》をした。**だから**一位《いちい》になった。

㋑ 雨《あめ》がふっていた。**けれども**散歩《さんぽ》に出《で》かけた。

㋒ バナナを食《た》べた。**そして**りんごも食《た》べた。

・そして　・だから　・けれども

86

87頁

つなぎ言葉《ことば》 (5)

名前

(1) 次《つぎ》の文《ぶん》は、□のどちらの気持《きも》ちを表《あらわ》していますか。記号《きごう》で答《こた》えましょう。

① 毎日練習《まいにちれんしゅう》をした。
だから、二位《にい》になった。　**㋑**

② 毎日練習《まいにちれんしゅう》をした。
でも、二位《にい》になった。　**㋐**

㋐ 一位《いちい》になれず、ざんねんな気持《きも》ち。
㋑ 二位《にい》になれて、うれしい気持《きも》ち。

(2) 次《つぎ》のつなぎ言葉《ことば》を使《つか》った文《ぶん》のうち、正《ただ》しい使《つか》い方《かた》のものに○をつけましょう。

①
・（　）朝《あさ》は、パンを食《た》べますか。それでごはんを食《た》べますか。
・（○）朝《あさ》は、パンを食《た》べますか。それともごはんを食《た》べますか。

②
・（○）その女《おんな》の人《ひと》は、父《ちち》の妹《いもうと》だ。つまり、わたしのおばだ。
・（　）その女《おんな》の人《ひと》は、父《ちち》の妹《いもうと》だ。しかし、わたしのおばだ。

87

88頁

つなぎ言葉《ことば》 (6)

名前

(1) 次《つぎ》の㋐㋑の二《ふた》つの文《ぶん》が同《おな》じ意味《いみ》になるように、□につなぎ言葉《ことば》を□から選《えら》んで書《か》きましょう。（□のつなぎ言葉《ことば》は一回《いっかい》ずつしか使《つか》えません。）

① ㋐ けがをしたので、学校《がっこう》を休《やす》んだ。
㋑ けがをした。**それで**学校《がっこう》を休《やす》んだ。

② ㋐ 雨《あめ》がふってきたが、かさを持《も》っていない。
㋑ 雨《あめ》がふってきた。**しかし**かさを持《も》っていない。

③ ㋐ 箱《はこ》を開《あ》けたら、鳥《とり》がとび出《だ》した。
㋑ 箱《はこ》を開《あ》けた。**すると**鳥《とり》がとび出《だ》した。

・それで　・すると　・しかし

(2) 次《つぎ》の㋐㋑の二《ふた》つの文《ぶん》が同《おな》じ意味《いみ》になるように、□につなぎ言葉《ことば》を□から選《えら》んで書《か》きましょう。

① ㋐ 雨《あめ》がふってきた。だから家《いえ》へ帰《かえ》ろう。
㋑ 雨《あめ》がふってきた**ので**、家《いえ》へ帰《かえ》ろう。

② ㋐ 友《とも》だちの家《いえ》へ行《い》った。しかし、るすだった。
㋑ 友《とも》だちの家《いえ》へ行《い》った**が**、るすだった。

③ ㋐ このボタンをおす。すると音《おと》が出《で》る。
㋑ このボタンをおす**と**、音《おと》が出《で》る。

・と　・ので　・が

88

89頁

つなぎ言葉《ことば》 (7)

名前

(1) □の文《ぶん》と同《おな》じ意味《いみ》になるように、二《ふた》つのことがらをつなぐ言葉《ことば》を□から選《えら》んで、次《つぎ》の文《ぶん》を一《ひと》つの文《ぶん》にしましょう。

① 部屋《へや》が暗《くら》かった。だから、明《あ》かりをつけた。
部屋《へや》が暗《くら》かった**ので**、明《あ》かりをつけた。

② 朝《あさ》ねぼうした。でも、ちこくはしなかった。
朝《あさ》ねぼうした**が**、ちこくはしなかった。

③ ドーナツを食《た》べた。そして、プリンも食《た》べた。
ドーナツを食《た》べた**し**、プリンも食《た》べた。

・が　・し　・ので

(2) □の文《ぶん》と同《おな》じ意味《いみ》になるように、つなぎ言葉《ことば》を□から選《えら》んで、二《ふた》つの文《ぶん》にしましょう。

① 本《ほん》を買《か》いに行《い》ったが、ほしい本《ほん》がなかった。
本《ほん》を買《か》いに行《い》った。**けれども**ほしい本《ほん》がなかった。

② あの店《みせ》のコロッケは安《やす》いし、おいしい。
あの店《みせ》のコロッケは安《やす》い。**しかも**おいしい。

・しかも　・けれども

89

解答例

本書の解答は，あくまでもひとつの例です。児童に取り組ませる前に，必ず指導される方が問題を解いてください。指導される方の作られた解答をもとに，児童の多様な考えに寄り添って〇つけをお願いします。

90頁

つなぎ言葉《ことば》 (8)

名前

● 次《つぎ》の二《ふた》つのことがらをつなぐ言葉《ことば》に気《き》をつけて、文《ぶん》の続《つづ》きに合《あ》う文《ぶん》に〇をつけましょう。

① 徒歩《とほ》で行《い》こうか。それとも、
- (〇)車《くるま》で行《い》こうか。
- ( )山《やま》まで行《い》こうか。

② せっかく図書館《としょかん》に行《い》ったのに、
- ( )本《ほん》を読《よ》んだ。
- (〇)休《やす》みだった。

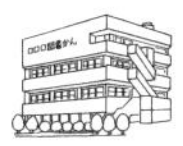

③ 学校《がっこう》を休《やす》んだ。なぜなら
- (〇)足《あし》をけがしたからだ。
- ( )友《とも》だちに会《あ》いたい。

④ 毎日《まいにち》水《みず》やりをしたので、
- (〇)ふたばが出《で》た。
- ( )ふたばが出《で》なかった。

⑤ 今日《きょう》は雨《あめ》がふった。けれども
- (〇)サッカーの練習《れんしゅう》をした。
- ( )サッカーの練習《れんしゅう》はなかった。

91頁

いろいろな意味《いみ》をもつ言葉《ことば》 (1)

名前

(1) 言葉《ことば》遊《あそ》びの詩《し》を作《つく》ります。□から選《えら》んで、□に書《か》きましょう。

①
- ㋐ ガチャ　かぎをかける。
- ㋑ ぐつぐつ　火《ひ》になべをかける。
- ㋒ もしもし　電話《でんわ》をかける。

・ガチャ　・もしもし　・ぐつぐつ

②
- ㋐ ハクション　かぜをひく。
- ㋑ ポロロン　ピアノをひく。
- ㋒ ワッショイ　みこしをかつぐ。

・ポロロン　・ワッショイ　・ハクション

③
- ㋐ さらさら　ノートに字《じ》をかく。
- ㋑ びっしょり　あせをかく。
- ㋒ はっけよい　すもうをとる。

・びっしょり　・さらさら　・はっけよい

92頁

いろいろな意味《いみ》をもつ言葉《ことば》 (2)

名前

● 次《つぎ》の①〜③の㋐㋑の( )には、それぞれ、どれも同《おな》じ言葉《ことば》が入《はい》ります。( )に入《はい》る言葉《ことば》を□から選《えら》んで、□に書《か》きましょう。

① ・とる　・のる

㋐ とる
- ・すもうを( )
- ・百点《ひゃくてん》を( )
- ・栄養《えいよう》を( )
- ・写真《しゃしん》を( )

㋑ のる
- ・船《ふね》に( )
- ・相談《そうだん》に( )
- ・台《だい》の上《うえ》に( )
- ・新聞《しんぶん》に( )

② ・でる　・はかる

㋐ でる
- ・試合《しあい》に( )
- ・結果《けっか》が( )
- ・校門《こうもん》を( )
- ・漁《りょう》に( )

㋑ はかる
- ・重《おも》さを( )
- ・せの高《たか》さを( )
- ・時間《じかん》を( )
- ・悪事《あくじ》を( )

③ ・とまる　・とく

㋐ とく
- ・問題《もんだい》を( )
- ・教《おし》えを( )
- ・たまごを( )

㋑ とまる
- ・宿屋《やどや》に( )
- ・車《くるま》が( )
- ・心《こころ》に( )

93頁

いろいろな意味《いみ》をもつ言葉《ことば》 (3)

名前

● 次《つぎ》の①〜③の㋐㋑の( )には、それぞれ、どれも同《おな》じ言葉《ことば》が入《はい》ります。( )に入《はい》る言葉《ことば》を□から選《えら》んで、□に書《か》きましょう。

① ・きる　・たてる

㋐ きる
- ・スイッチを( )
- ・服《ふく》を( )
- ・スタートを( )

㋑ たてる
- ・家《いえ》を( )
- ・計画《けいかく》を( )
- ・足音《あしおと》を( )

② ・あがる　・みる

㋐ みる
- ・めんどうを( )
- ・味《あじ》を( )
- ・けしきを( )

㋑ あがる
- ・台《だい》の上《うえ》に( )
- ・雨《あめ》が( )
- ・かん声《せい》が( )

③ ・あく　・かける

㋐ かける
- ・火《ひ》になべを( )
- ・茶《ちゃ》わんが( )
- ・声《こえ》を( )
- ・気《き》に( )

㋑ あく
- ・ドアが( )
- ・店《みせ》が( )
- ・席《せき》が( )

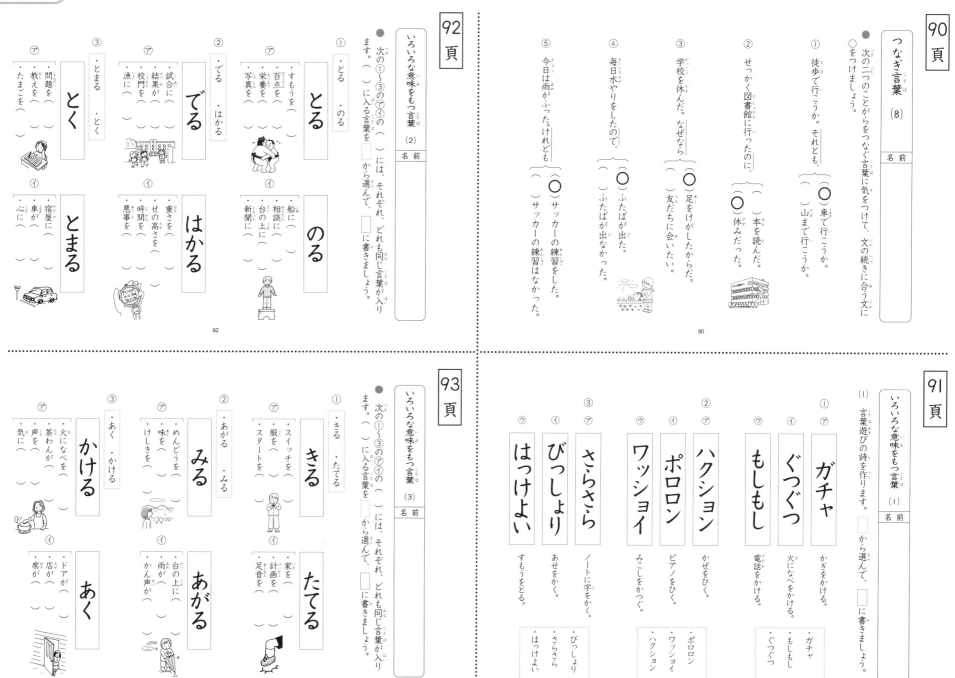

94頁

いろいろな意味《いみ》をもつ言葉《ことば》 (4)

名前

● 次《つぎ》の言葉《ことば》の使《つか》い方《かた》にあてはまるものを選《えら》んで、——線《せん》でむすびましょう。

①

あたる

日光《にっこう》があたる。
当番《とうばん》にあたる。
柱《はしら》にあたる。
くじにあたる。

仕事《しごと》を引《ひ》き受《う》ける。
光《ひかり》を受《う》ける。
的中《てきちゅう》する。
ぶつかる。

②

かける

時間《じかん》をかける。
かばんをかける。
茶《ちゃ》わんがかける。
橋《はし》をかける。

ぶら下《さ》げる。
取《と》りつける。
多《おお》く使《つか》う。
一部《いちぶ》がこわれる。

③

でる

校門《こうもん》をでる。
船《ふね》で漁《りょう》にでる。
練習《れんしゅう》の成果《せいか》がでる。

そこから外《そと》へ行《い》く。
結果《けっか》が表《あらわ》れる。
魚《さかな》をとりに出《で》かける。

94

95頁

いろいろな意味《いみ》をもつ言葉《ことば》 (5)

名前

● 次《つぎ》の文《ぶん》の——線《せん》の言葉《ことば》の使《つか》い方《かた》が、同《おな》じ意味《いみ》になるものを一《ひと》つ選《えら》んで□に記号《きごう》で書《か》きましょう。

① 手《て》にペンキがつく。

㋐ 家《いえ》につく。
㋑ もちをつく。
㋒ おまけがつく。

ウ

② ソースをかける。

㋐ ふとんをかける。
㋑ 茶《ちゃ》わんがかける。
㋒ 馬《うま》がかける。

ア

③ 電車《でんしゃ》がとまる。

㋐ 旅館《りょかん》にとまる。
㋑ 時計《とけい》がとまる。
㋒ 心《こころ》にとまる。

イ

④ このすいかはあまい。

㋐ 父《ちち》は妹《いもうと》にあまい。
㋑ あまい声《こえ》でささやく。
㋒ あまいケーキを食《た》べた。

ウ

95

96頁

いろいろな意味《いみ》をもつ言葉《ことば》 (6)

名前

● 次《つぎ》の文《ぶん》の——線《せん》の言葉《ことば》の使《つか》い方《かた》が、同《おな》じ意味《いみ》になるものを一《ひと》つ選《えら》んで□に記号《こう》で書《か》きましょう。

① ぼうしをとる。

㋐ めがねをとる。
㋑ 昼食《ちゅうしょく》をとる。
㋒ 写真《しゃしん》をとる。

ア

② 算数《さんすう》の問題《もんだい》をとく。

㋐ 絵《え》の具《ぐ》を水《みず》でとく。
㋑ かみの毛《け》をとく。
㋒ クイズをとく。

ウ

③ ピアノをひく。

㋐ かぜをひく。
㋑ バイオリンをひく。
㋒ つなをひく。

イ

④ 字《じ》をかく。

㋐ 手紙《てがみ》をかく。
㋑ はじをかく。
㋒ あせをかく。

ア

96

97頁

考《かんが》えや気持《きも》ちをつたえる言葉《ことば》 (1)

名前

(1) 次《つぎ》の①～③の気持《きも》ちを表《あらわ》す言葉《ことば》とよくにた意味《いみ》を表《あらわ》す言葉《ことば》を□から選《えら》んで、□に書《か》きましょう。

① ㋐ 熱心《ねっしん》　根気強い
㋑ あっさり　さっぱり
㋒ ずうずうしい　あつかましい

② ㋐ 短気《たんき》　せっかち
㋑ 温和《おんわ》　おだやか

③ ㋐ わずか　ささやか
㋑ 言《い》うことなし　かんぺき

・あつかましい　・根気強《こんきづよ》い　・さっぱり

・おだやか　・せっかち

・かんぺき　・ささやか

(2) 次《つぎ》の文《ぶん》のうち、気持《きも》ちを表《あらわ》す言葉《ことば》が正《ただ》しく使《つか》われているほうに○をつけましょう。

（○）友《とも》だちと仲直《なかなお》りができて、心《こころ》が晴《は》れる。
（　）友《とも》だちと仲直《なかなお》りができて、気《き》が重《おも》い。

97

解答例

本書の解答は，あくまでもひとつの例です。児童に取り組ませる前に，必ず指導される方が問題を解いてください。指導される方の作られた解答をもとに，児童の多様な考えに寄り添って○つけをお願いします。

98頁

考《かんが》えや気持《きも》ちをつたえる言葉《ことば》 (2)

名前

(1) 次《つぎ》の①～③の言葉《ことば》と反対《はんたい》の意味《いみ》を表《あらわ》す言葉《ことば》を下《した》の□から選《えら》んで、□に書《か》きましょう。

①
- ゆたか ↔ **まずしい**
- 弱点《じゃくてん》 ↔ **長所**

②
- はげしい ↔ **おだやか**
- おくびょう ↔ **ゆうかん**

③
- かた苦《くる》しい ↔ **ざっくばらん**
- うかれる ↔ **がっかり**

・まずしい　・長所《ちょうしょ》
・おだやか　・ゆうかん
・がっかり　・ざっくばらん

(2) 次《つぎ》の文《ぶん》のうち、気持《きも》ちを表《あらわ》す言葉《ことば》が正《ただ》しく使《つか》われているほうに○をつけましょう。

(　)お誕生日《たんじょうび》を祝《いわ》ってもらってがっかりだ。

(○)お誕生日《たんじょうび》を祝《いわ》ってもらってうかれる。

99頁

考《かんが》えや気持《きも》ちをつたえる言葉《ことば》 (3)

名前

(1) 次《つぎ》の①②の気持《きも》ちを表《あらわ》す言葉《ことば》の意味《いみ》にあうものを、下《した》の□から選《えら》んで□に記号《きごう》を書《か》きましょう。

①
- 心《こころ》が晴《は》れる。　㋓
- 心《こころ》が動《うご》く。　㋐
- 心《こころ》が温《あたた》まる。　㋑
- 心《こころ》がはずむ。　㋒

㋐ 気持《きも》ちが引《ひ》きつけられる。
㋑ おだやかになる。
㋒ 楽《たの》しい気持《きも》ち。
㋓ 心配《しんぱい》ごとが消《き》えて明《あか》るくなる。

②
- 気《き》がすむ。　㋑
- 気《き》が重《おも》い。　㋐
- 気《き》が遠《とお》くなる。　㋓
- 気《き》を引《ひ》きしめる。　㋒

㋐ 気《き》が進《すす》まない。おっくうだ。
㋑ 気分《きぶん》が落《お》ち着《つ》く。
㋒ きんちょう感《かん》をもつ。
㋓ 正気《しょうき》でなくなる。

(2) 次《つぎ》の文《ぶん》のうち、気持《きも》ちを表《あらわ》す言葉《ことば》が正《ただ》しく使《つか》われているほうに○をつけましょう。

(　)明日《あす》は、にがてなテストがあるので、心《こころ》がはずむ。

(○)明日《あす》は、にがてなテストがあるので、気《き》が重《おも》い。

100頁

考《かんが》えや気持《きも》ちをつたえる言葉《ことば》 (4)

名前

(1) 次《つぎ》の気持《きも》ちを表《あらわ》す言葉《ことば》の意味《いみ》にあうものを下《した》の□から選《えら》んで、□に記号《きごう》を書《か》きましょう。

- むねがつぶれる。　㋒
- むねがふくらむ。　㋐
- むねがおどる。　㋑

㋐ 期待《きたい》や希望《きぼう》に満《み》ちあふれる。
㋑ 期待《きたい》やこうふんなどで、気持《きも》ちがうきうきする。
㋒ 悲《かな》しみや心配《しんぱい》ごとでたいそうおどろく。

(2) 次《つぎ》の文《ぶん》の□にあてはまる言葉《ことば》を、□から選《えら》んで書《か》きましょう。

① 明日《あす》の旅行《りょこう》のことを考《かんが》えると、むねが **おどる** 。

② 急《きゅう》な愛犬《あいけん》の死《し》に、むねが **つぶれる** 思《おも》いだ。

・つぶれる　・おどる

101頁

考《かんが》えや気持《きも》ちをつたえる言葉《ことば》 (5)

名前

● 次《つぎ》の文《ぶん》の□にあてはまる言葉《ことば》を□から選《えら》んで書《か》きましょう。

①
㋐ この作品《さくひん》は、**予想どおり** の出来《でき》ばえだ。
㋑ 水《すい》とうを持《も》って行《い》くのが **望ましい** 。
㋒ お金《かね》を **わずか** 持《も》っている。

・望《のぞ》ましい　・わずか　・予想《よそう》どおり

②
㋐ 山《やま》のむこうに **かすか** に明《あ》かりが見《み》える。
㋑ **はげしい** 波《なみ》が岩《いわ》をたたきつける。
㋒ わたしは、がんばっている弟《おとうと》が **ほこらしい** 。

・かすか　・ほこらしい　・はげしい

解答例

102頁（103～106頁は略）

考《かんが》えや気《き》持《も》ちをつたえる言葉《ことば》（6）

名前

(1) 次《つぎ》の①～③で考《かんが》え方《かた》を表《あらわ》す言葉《ことば》が正《ただ》しく使《つか》われている文《ぶん》に○を、まちがっている文《ぶん》に×をしましょう。

①
（○）もし明《あ》日《す》雨《あめ》なら野《や》球《きゅう》のしあいはないだろう。
（×）もし明《あ》日《す》雨《あめ》なら野《や》球《きゅう》のしあいはあるだろう。

②
（×）たとえ遊《あそ》びにさそわれたとしても、わたしは行《い》く。
（○）たとえ遊《あそ》びにさそわれたとしても、わたしは行《い》かない。

③
（○）赤《あか》と青《あお》、どちらが好《す》きかというと、青《あお》が好《す》きだ。
（×）赤《あか》と青《あお》、どちらが好《す》きかというと、ぼうしが好《す》きだ。

(2) 次《つぎ》の文《ぶん》に続《つづ》く、気《き》持《も》ちを表《あらわ》す言葉《ことば》を、——線《せん》でむすんで完《かん》成《せい》させましょう。

① 忘《わす》れ物《もの》をして
② クラスのみんなからほめられて
③ おとなしい友《とも》だちが、大《おお》きな声《こえ》で発《はっ》言《げん》したので

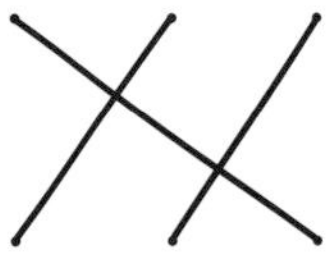

あっけにとられる。
冷《ひ》やあせをかく。
むねがいっぱいになる。

喜楽研の支援教育シリーズ
もっと　ゆっくり　ていねいに学べる
個別指導に最適
読解ワーク　基礎編　4-①
光村図書・東京書籍・教育出版の教科書教材などより抜粋

2023年3月1日

イラスト：山口　亜耶　他
表紙イラスト：山口　亜耶
表紙デザイン：エガオデザイン
企画・編著：原田　善造・あおい　えむ・今井　はじめ・さくら　りこ
中　あみ・中　えみ・中田　こういち・なむら　じゅん
はせ　みう・ほしの　ひかり・堀越　じゅん・みやま　りょう（他4名）
編集担当：長谷川　佐知子

発行者：岸本　なおこ
発行所：喜楽研（わかる喜び学ぶ楽しさを創造する教育研究所：略称）
〒604-0827　京都府京都市中京区高倉通二条下ル瓦町 543-1
TEL 075-213-7701　FAX 075-213-7706　HP https://www.kirakuken.co.jp
印刷：株式会社米谷

ISBN : 978-4-86277-415-6

Printed in Japan

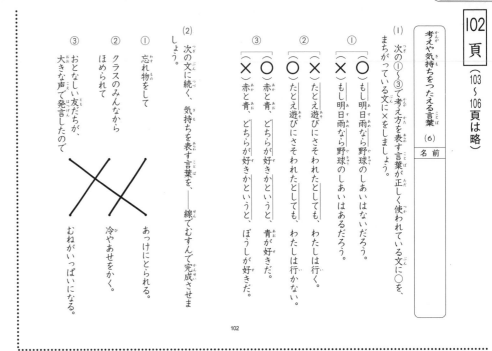